프로바둑강좌 · 중급이상 8

패에 강해진다

9단 加藤正夫 지음
프로바둑연구회 편

太乙出版社

머 리 말

바둑이 '패로 살고 패로 죽음'에 대하여 노래한
이는 위기 사상(囲碁史上) 최초의 수퍼 스타이며 최
초의 본인방(本因坊)이었던 산묘(算砂)였다.

바둑에 있어서 패는 상당히 중요한 일면을 가지고
있다.

패 때문에 지고, 패 때문에 이겼다는 이야기는 우
리 주위에서 얼마든지 듣는다. 패는 그것을 이용하
기에 따라 열세에 빠진 국면(局面)을 우세하게 이끌
수도 있다. 또한 패는 승리를 눈 앞에 둔 찰라, 상
대방으로 하여금 역전(逆戰)의 쾌감을 맛보도록 해
주기도 한다. 이런 데에 패의 묘미가 있다.

쉬운 것 같으면서도 사실은 어려운 함정을 많이 거
느리고 있는 것이 바로 패이다. 이론적으로는 잘 알
고 있다고 자부하는 사람들도 막상 실전(実戰)에 부
딪쳐 보면, 자기도 모르게 패의 함정에 빠지게 되는
경우가 많다.

이 책이 가지는 의미는 바로, 실제 문제에 있어서
의 '패의 공포증'을 완전히 해소시켜주는 데 있다.
패의 여러 가지 방면을 즐겁게 유지시키는 데에 목
적을 두고 이 책을 만들었다.

그러므로 '패를 올바로 아는 것이 바둑 향상의 지

름길'이라는 것임에 재고의 여지가 없음을 나는 보
증한다.

　아울러 독자 여러분의 바둑 실력이 날로 향상되기
를 기원한다.

저자 씀.

차　례＊

제1장

패는 즐겁다

8

1. 패

아마추어나 중급 이하의 바둑에 있어서 패는 상상 이상
의 위협 수단이 있다.

여기에서는 지도기(指導碁)로, 초반(初盤)에서 중반(中
盤)으로 넘어갈 때의 모양을 다루었다.

정석을 알고 맥을 명확히 아는 것만이 승부(勝負)의 관
건이 된다고 생각하는 것은 상당히 위험한 일이 아닐 수
없다. 왜냐하면, 패야말로 바둑의 대국(對局)에 있어서의
직접적인 위협 수단이기 때문이다.

자, 그러면 실전(実戰)을 생각하면서 연구해 보기로 하
자.

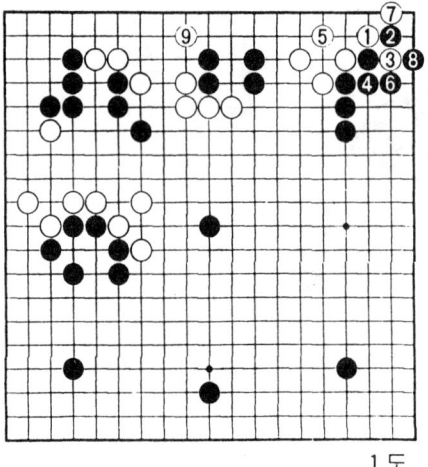

1도

1도 백1은
강수. 이것은 패
를 포함한 수로
혹2를 생각할
수 있다. 여기서
흑6은 대완착
이다.

백은 선수로
산 다음에 백9
로 돌아간다.

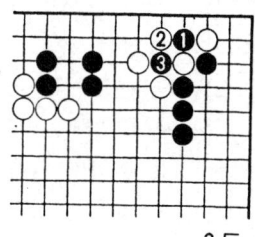

2 도

2 도 흑 1 로 끊는 수이다.
백 2 에 흑 3 으로 때려서 패의
시작이다. 이 패는 단적인 도
전이다.
초반의 패는 작다.

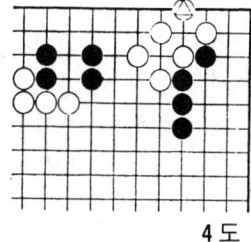

3 도

3 도 흑이 패를 이기면 흑
⬣로 이어진다. 두텁고 실리
가 크다.

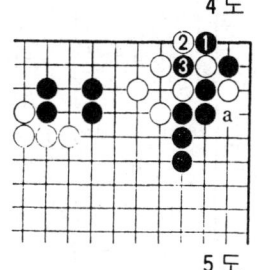

4 도

4 도 이것은 백이 패를 이
겨 백⬡로 때리면 모양이다.
3 도와 비교하여 보면 패의
가치가 큰 것임을 알수가 있다.
1 도의 흑 6 으로는——— .

5 도

5 도 1 로 단수를 하고 백
2 다음 흑 3 으로 패를 때린다
백 2 로 3 의곳을 이으면 흑a
로 두어 집의 근거를 빼앗아
만족이다.

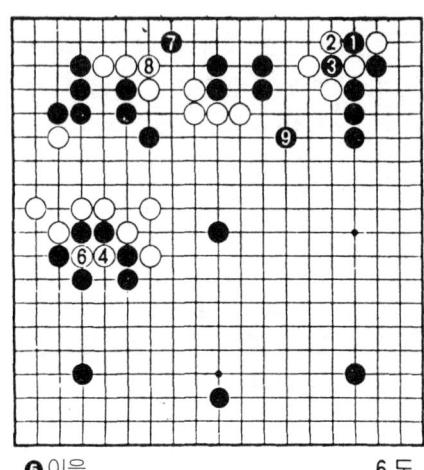

알기쉬운 바꿔치기

　6도　실제로 흑1, 3에는 패를 피하여 백은 4, 6으로 둔다. 흑7, 9로 공격하여 알기쉽다.

❺이음　　　　　6도

철저하게 패를 다툼

　7도　흑1로 응하면 이것은 철저하게 패를 다투는 모양이다. 흑11까지 되따낸 다음 백은 a나 b의 곳을 팻감으로 노린다. 6도, 7도의 차이가 있다. 여기에는 패를 맞는 자신과 부합이 된다.

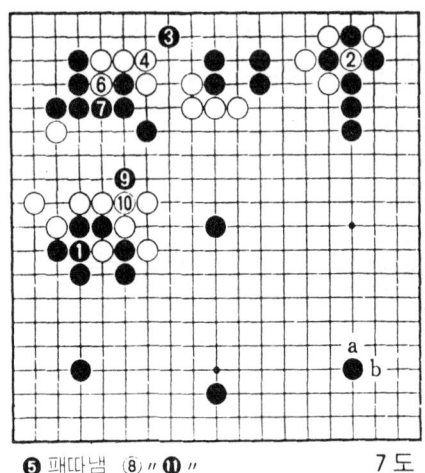

❺패따냄　⑧ 〃 ⓫ 〃　　　7도

특히 패를 받을 때에는 박력있고 간명하게, 약간의 흔들림도 없이 차분한 착수(着手)를 진행하는 것이 중요하다. 철저하게 패를 다투어서, 후회하는 일이 없도록 해야한다.

손해패는 두지 말라

그렇다면, 패가 만들어졌을 경우, 어쨌든 패싸움에서 꼭 이기지 않으면 안되는가?

패가 만들어졌을 때에는 전국적(全局的)인 측면에서 빨리 상황판단을 하지 않으면 안된다.

내가 상대방에 대하여 패를 쓸 곳은 얼마나 되는가? 또는, 상대방이 나에 대하여 패를 쓸 곳은 어디 어디인가, 패싸움을 끌고 나갔을 경우, 과연 유리한가, 불리한가?

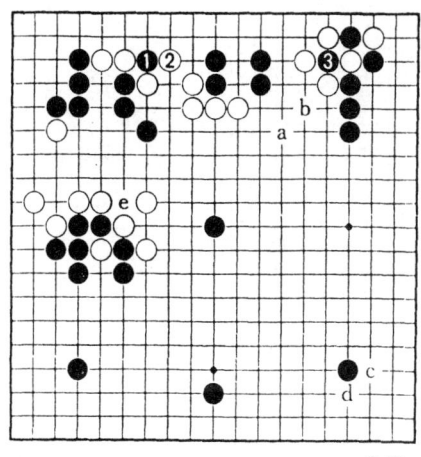

8 도

8 도 1로 끊는 사람이 많이 있다. 백 2로 단수를 치면, 흑 3으로 패를 딴다. 결국 백은 손해 될 것이 없지만, 흑으로서는 손해패를 쓴 셈이 된다. a, b의 연타, 또한 c, d의 연타에서는 어떤가.

2. 여기도 패

패에는 여러가지의 종류와 성질이 있다. 바른 이해를 통하여 숙지한 사람은 패가 의외로 작지 않음을 본다.

천하패

절대 패의 하나이다. 이것은 매우 가치가 크다.

패를 낼수 있다면 상당히 유리한 모양이다. 이것은 승리의 확정이다.

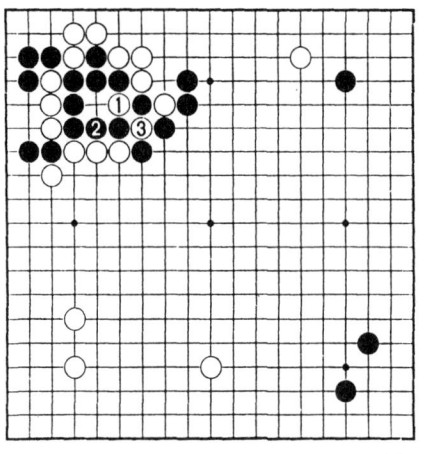

1도 백1로 찌르는 수이다. 흑2에는 백3 까지 천하패이다.

프로의 바둑에서는 실제로 잘 나타나지가 않는다.

천하패를 피해야 한다.

1도

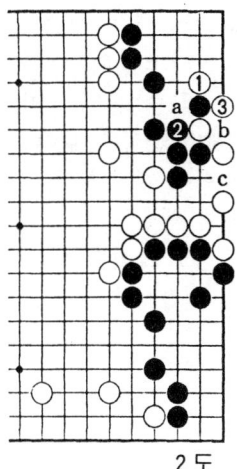

2 도

꽃놀이패

꽃놀이 패란 패를 이용하는 편에서 아주 부담이 적은 패를 말한다. 패를 이길 경우에는 십분 좋다.

2 도 백 1 의 붙임에 백 3 으로 패이다. 이것은 큰 변화이다. 백 a 로 패가 해소되면 귀의 흑이 죽는다. 흑 b 에서 c 로 잡은 모양은 백의 손해도 작지만은 않다. 그러나 다른 곳에 2 수를 계속 둘 수가 있어서 십분 득이라는 계산이다.

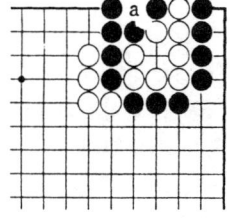

3 도

본패와 늘어진 패

여기에서 또 하나 알고 넘어갈 것은 한수로 되는 패와 끝내기패 (늘어진패)이다.

3 도 한 수 늘어진 패의 모양이다. a 로 백이 때리면 한 수 늘어진 패이다.

4 도 백 1 로 조여서 본패가 된다. 끝내기의 수수를 의미한다.

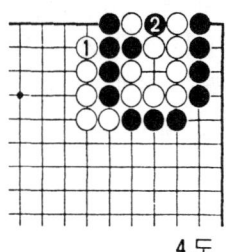

4 도

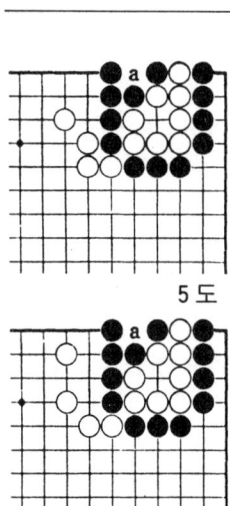

5 도

6 도

5 도 2 수 늘어진 패의 모양이다. a 로 백이 두어도 외곽에서 백이 2 번을 더 조여야만 본패가 된다. 이것은 백이 불리한 패이다.

6 도 3 수 늘어진 패이다. 백 a 로 취하여 본패를 만들기 위해서는 외곽을 3 수정도 조여야 한다. 백이 패를 이길 가능성은 전혀 없다.

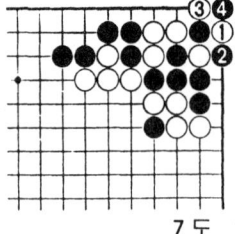

7 도

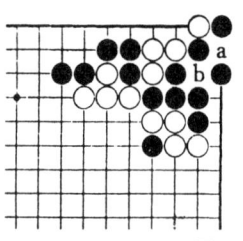

8 도

2 단패

2 단으로 패가 나는 모양이다. 한 수로 패의 승부가 결정된다. 다른 편은 여러 수가 소모된다.

7 도 백 1 로 반발하면 흑 2, 다음 백 3, 흑 4 로 패이다.

8 도 백은 a 의 패를 이긴 다음에 b 의 패를 이겨도 승부가 결정되지 않는다. 끝내기패와 유사한 것으로 백 a, b 로 취하여 흑이 불리한 2 단패이다.

9도 실전에
나타난 2단패
이다. 흑1에서
5까지는 비상
수단이다. 일견
흑이 불리한 손
해패 같으나 백
은 부담이 크다.

흑쪽에서는기
를 무릅쓰고, 2
단패로 일관하
는 것이 결코 손
해되지는 않는
다.

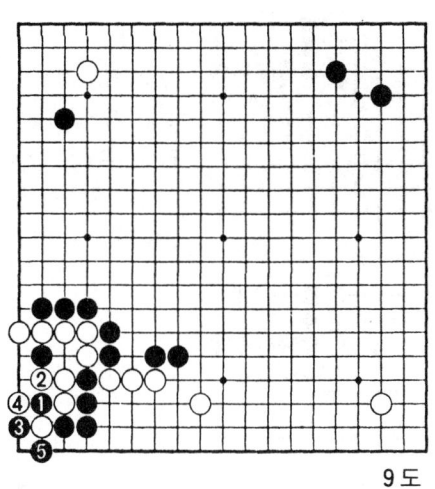

9도

2단패는 본패에 비하여 가치가
적다고 하는 것이 보통이지만, 이
와 같이 심각한 예도 있는 것이다.

만년패

늘어진 패나 2단패보다 해결하
는데 시간이 걸리는 것이 만년패
이다.

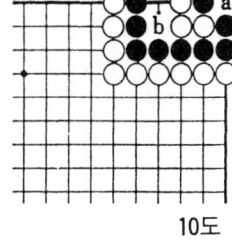

10도

10도 이것은 실전에 자주 나타나는 모양이다.

흑의 측에서 보면 만년패의 모양이다. 흑a로 이을 수
는 없다. 이 모양에서 흑이b로 조이면 백이 a로내려 본
패가 된다. 백이 a로 때렸을 경우 흑이 b로 조이는 것
은 백이 a로 이어서 5궁이 되므로 패가 아니다.

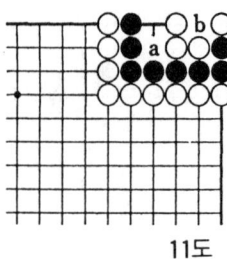

11도

11도 이것은 백의 측에서 생각해 보자. 전도와 같은 이유로 백 a 는 흑 b 로 본패가 된다. 패를 이으면 후수로 빅이 된다. 서로 방치하여 두는 것이 실전에서는 보통이다.

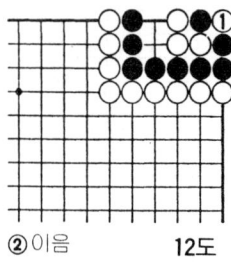

②이음　　12도

12도 쌍방이 패를 다투는 의지가 있다. 종국에 가서 백 1 로 패를 취한 후 잇는다.

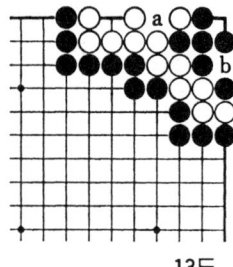

13도

양패

한 곳의 돌에 2 개의 패가 생긴 모양이다. 이것이 양패이다.

13도 가령 흑선이라면 a 의 곳을 때려내면 백은 b 의 곳을 때려내지 않을 수 없다. 반대로 되어도 끝없이 반복되는 패의 형태이다.

양패는 종국에 가서 빅으로 본다.

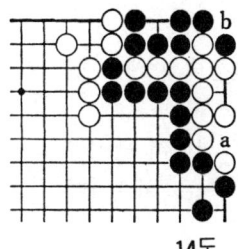

14도

14도 이것도 양패이다. 그러나 전도와는 다르다.

흑이 a로 취하면 백도 b를 취하여 의연히 패이다. 그러나 백의 세력권 안의 2군데 패이므로 이 패는 흑이 이길 수 없는 패이다.

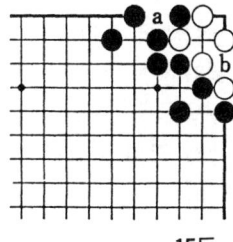

15도

15도 이것도 양패로 백이 죽는다. 백 a에 흑 b로 되어서 같은 모양이다. 이상에서 보듯이 양패가 나면 한쪽이 죽는 모양과 빅이 나는 것이 있다.

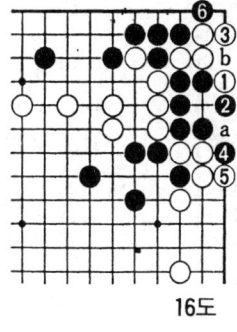

16도

16도 이 모양도 양패의 한 형태다. 흑 6까지 된 다음에 백 a에는 흑 b로 받아서 그만이다.

백은 영원히 패를 이길 수 없다.

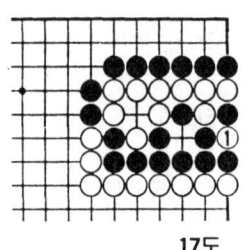

17도

3 패

한곳에 3군데의 패가 난 모양이다.

17도 이 모양에서 백이 1로 때린 순간부터 패의 시작이다.

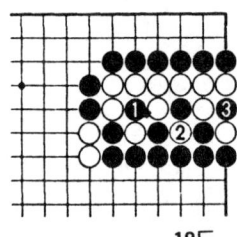

18도

18도 그러면 흑 1로 취하는 한수이다. 동시에 백도 2의곳을 두지 않을 수 없다.

계속하여 17도로 되돌아 간다.

3패는 일생에 한번 있을까 말까한 모양이다.

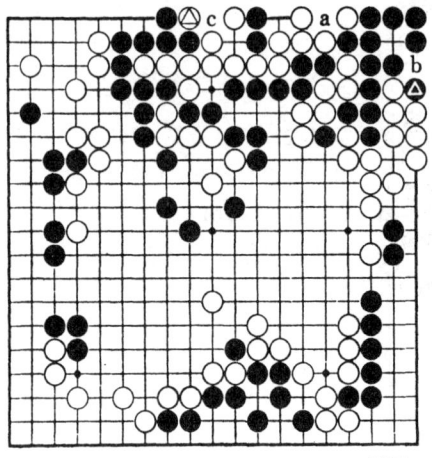

19도

19도 나의 실전기에서 나타난 3패를 흑▲와 백▲로 복잡하게 얽혀있다. 흑a, 백b, 흑c, 백a로 다시 되돌아간다.

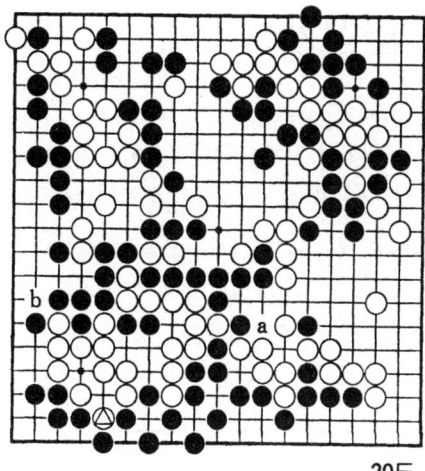

20도

이것도 패

패의 종류는 참으로 여러가지다. 사활을 가름하는 패이거나 그렇지 않는 것도 있다.

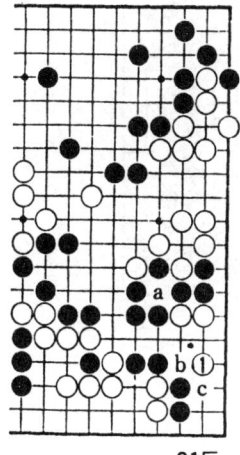

21도

20도 백⚠를 때리면 백의 대마가 패이다. 백은 a나 b의 팻감을 이용한다.

무패

생각없이 두는 수로 패가 아닌 경우이다.

21도 a의 패를 다툰 다음에 백 1은 무패이다. 혹a로 패를 해소한다. b의 끊음에는 c로 공격한다.

무패를 두는 것에 주의하여야 한다.

3. 패를 즐겁게

패의 종류를 여러 가지로 살펴 보았다.

실전에서 어떻게 두어야 하는지를 잠시 살펴보기로 하자. 이러한 정확한 인식이 패를 매우 즐겁게 만든다.

1도 백1로 단수하여 올 때 흑은 어떻게 두는가?

상식적으로는 흑a, 백b의 이음에는 묘미가 없다. 여기서는 흑5점의 엷음을 추구하여야 한다.

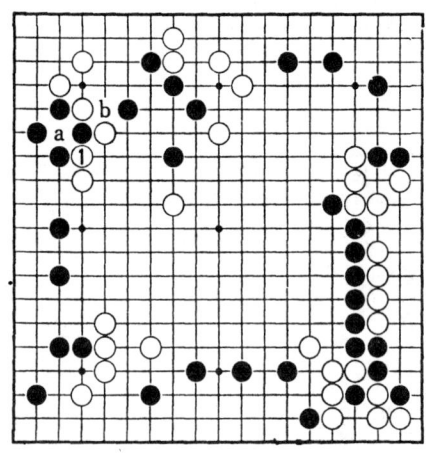

1도

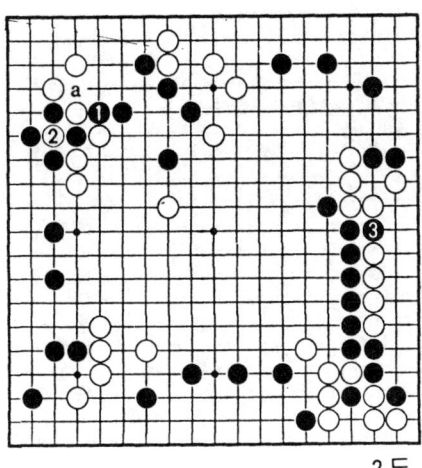

2 도

2도 흑1의 끊음
이 좋다. 이것은
패가 되므로 흑
이 즐거운 모양
이다.
　백은 a의　곳
을 이을 수가 없
다.

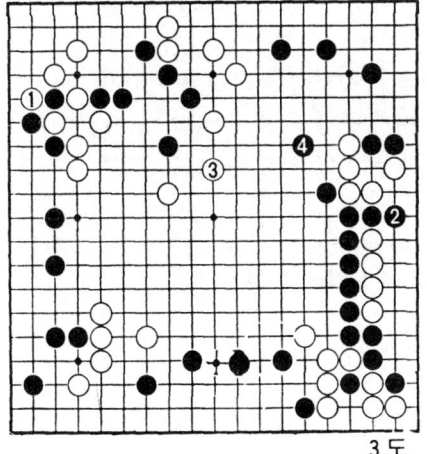

3 도

　3도 가령 백
1로 패를 해소
하면 흑2로 돌
파한다.
　백3, 흑4는
쟁처. 우변이 크
게 완성된다.
　패를　국면에
따라 변화를 시
켜본 모양이다.

4 도 흑의 팻
씀에 백 1 로 받
지 않을 수가 없
다.

흑 2 에 패를
때리면 백돌이
약해진다.

4 의 때림에
백은 3, 5 로돌
파한다.

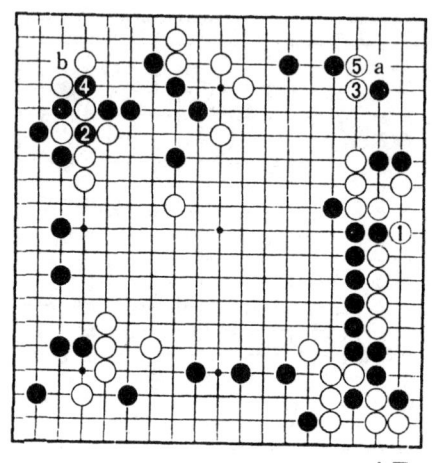

4 도

우상에는 a 로 사는 수가 남고 좌상은 b 의 끊음이 크
다.

이것은 패로 형세를 유리하게 나타낸 모양이다.

이런 모양에서는 먼저 팻감을 살펴보아야 한다. 팻감이
어느 정도 있는지, 패를 쓰면 이길 수 있는 지를 생각해
보아야 한다.

패는 즐겁게 물어나가야 한다. 패를 즐겁게 유도하는
테크닉은 제 2 장에서 배우기로 한다.

제 2 장

패의 테크닉

1. 바꿔치기의 손해와 이익

패와 끊고 끊음의 관계를 바꿔 치기라고 한다.

이를 한편으로는 패를 쓴다고 하는데, 이것은 한수 연타의 바꿔 치기로 완성된다.

패를 이기기 위해서는 대상(代償)의 희생을 치르는 경험을 하게 된다.

여기에서는 가치의 정도에 따라 판별한 문제이며 이론적인 것은 아니다.

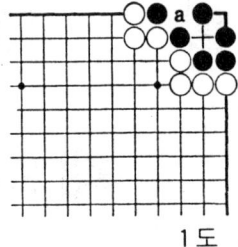

1 도

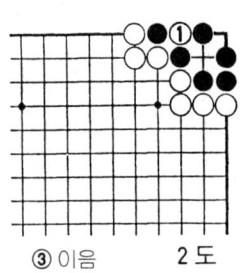

③ 이음　　2 도

1 도a 의 패가 남아 있다. 흑이라면 a 로 두어 산다. 흑 집은 2 집이다.

2 도백에서 둔다면 역시 1 로 패를 취한다.

흑에서 팻감이 없다면 1 의점을 이어서 백집은 13집이 된다. 그러니까 2 집＋13집＝15집의 패이다. 그래서 15집의 패는 쌍방의 합계가 3 수이므로 여기서는 한수의 가치는 3 분의 1 이다. 2 수를 계속하여 두니까 10집이라는 가감의 계산이 나온다. 즉 바꿔치기는 패의 3 분의 2 라는 계산이다.

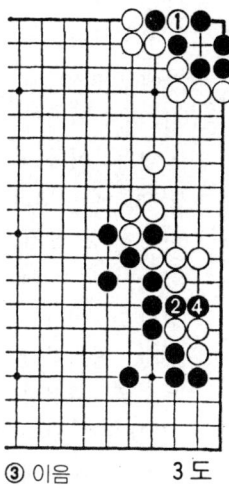

③ 이음　　　3 도

3 도 가령 도(圖)에서와 같이 백 1로 패를 잡으면 흑은 2, 4를 연타하게 된다.

이것을 바꿔치기라고 한다. 흑이 연타를 한 2, 4를 생각하여 보자.

흑 2, 4는 약 16집의 큰곳이다. 백의 10집을 계산하더라도 6집이 남는다는 계산이다.

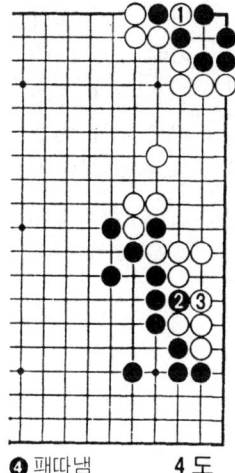

❹ 패따냄　　　4 도

4 도 백이 3으로 받으면 흑 4로 귀를 때려서 패를 계속한다.

실전에서는 귀의 팻감에 대하여 타협하는 경우가 많이 있다.

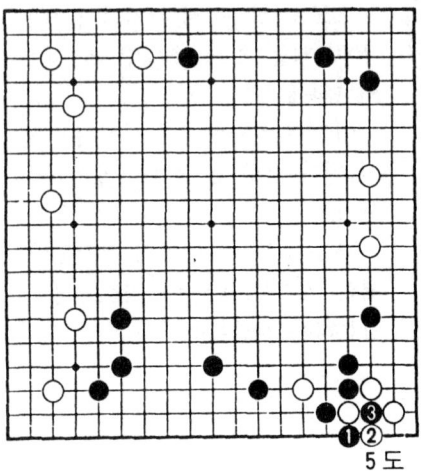

5 도

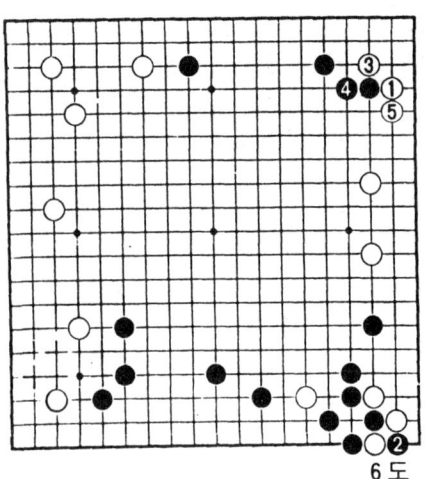

6 도

실전에서, 초반에 나타난 패의 바꿔치기의 손해와 이득을 숫자로 나타낸다는 것은 불가능하다. 패를 해결하는 시기는 팻감, 형세판단 등으로 결정하지 않을 수 없다.

5도 흑1에 백2로 받으면 흑3으로 때려내어 패의 시작이다.

6도 백1의 패를 씀에 흑2는 해소의 한 수이다. 백3, 5로 좋은 모양이다.

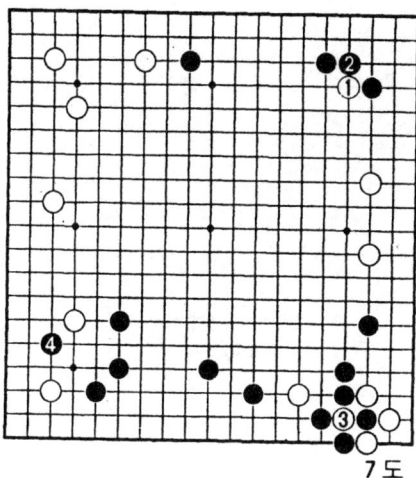

7 도

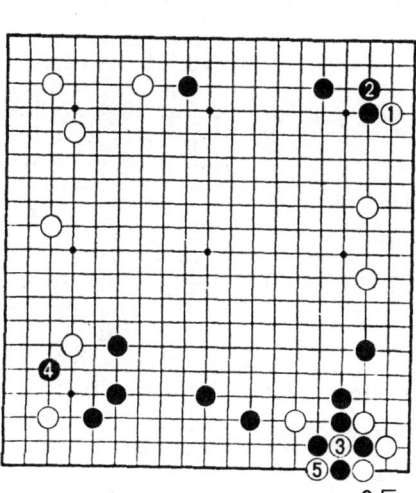

8 도

7 도 이런 곳에서 천하패는, 백 1 이라면 받지 않을 수 없다.

연타는 6 도의 1, 3 이 통렬하다. 백은 손해패이다. 흑 2 로 받을 가능성이 있다. 백 3 에는 흑 4 로 패를 쓴다. 이것은 제 1 장에서 배운 바 있다.

8 도 백 1 에 흑 2 의 응수. 이것은 이익이 아니다. 7 도와 같은 이유에서 이다.

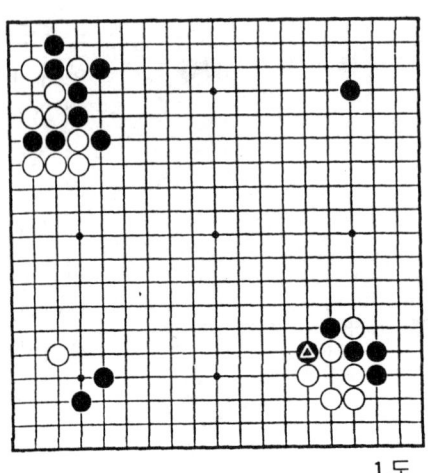

1 도

2 . 천하패의 준비

1 도 흑▲표로 단수가 되어 있는 곳이다.

백의 응수를 생각하여 보자. 우하는 정석의 하나이다.

2 도 백 1 의 대사씌움에서 10까지의 수순이다. 이 정석도 알고 있어야 한다.

3 도 백 1 의 단수, 흑 2 의 패를 취함. 다음에 3 으로 귀쪽을 내려섬. 이후 5 의 이음까지 ―.

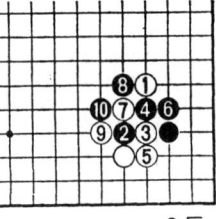

2 도

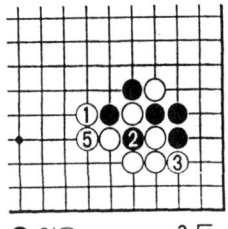

❹ 이음   3 도

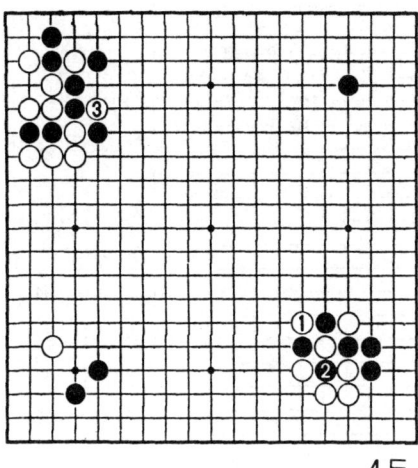

4도

4도 백1로 패를 반발하고 나서면 보통은 무리한 모양으로 결정이 난다.

백3은 자만의 한 수이다. 혹은 난폭하게 둘 필요가 있다.

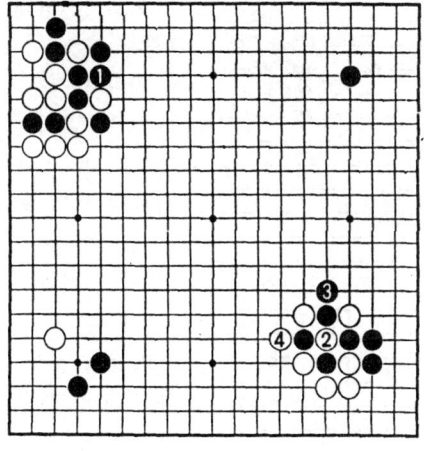

5도

5도 혹1로 받으면 백은 2, 4로 때려 내어서 성공이다.

혹1로 2는, 백1, 혹2로 좌상에 참상이 일어난다. 이것은 서로간의 천하 패이다.

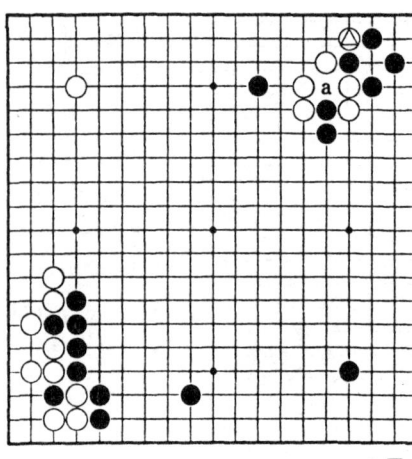

6도

6도 이런 장면은 어떨까? 백△로 단수가 되어 있는 곳이다.

흑은 여기서 이을 것인가, 흑이 이으면 백 a 로 될 자리이다. 그렇다면 흑 a 로 먼저 끊으면 어떨까?

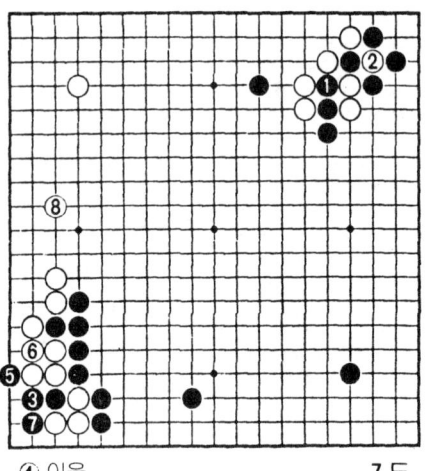

④ 이음　　　　　　7도

7도 흑1에 백2로 천하패이다.

흑의 팻감은 3으로 나가는 수이다. 백이 우상을 이으면 흑은 5, 7로 귀를 잡는 결과이다.

이상의 참상은 흑1의 한수 때문이다.

8도 다른 수가 있다. 그것은 혹1부터 나가는 수이다. 백2의 단수에는 기다렸다는 듯이 3의 곳을 힘차게 끊는다

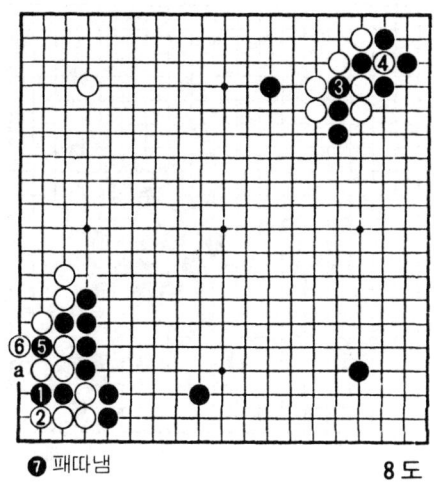

❼ 패따냄

8도

여기에서는 패를 쓰는 방법에 주의하여야 한다.

백이 우상을 솔빼더라도 a의 패 쓸 곳이 남는게 **7도**와 다르다.

여기에 혹1의 의미가 있다. 또한 이곳의 패의 가치도 크다.

8도의 백2로 3의 곳을 잇는 것은 혹a의 단수 다음에 3점을 잡을 수 있어 십분 좋다.

보통 천하패는 팻감을 만들어 놓고 패를 쓰는 것이 원칙이다.

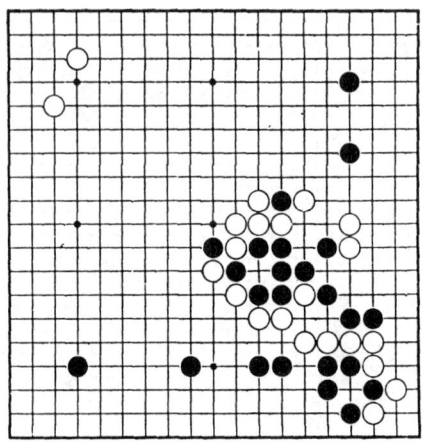

9 도

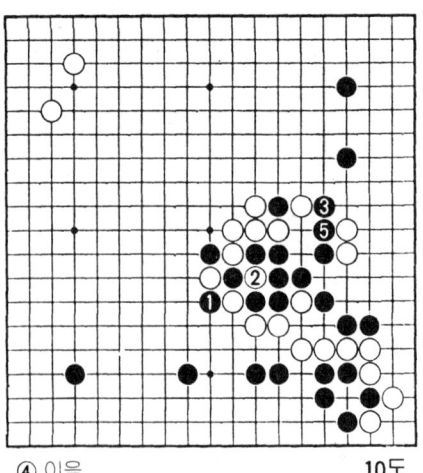

④ 이음   10도

9도 포위되어 있는 흑을 구출해야 한다. 단독으로 살 수는 없을까?

여기에서 패로 다툼은 필연이다. 테크닉 여하에 따라 천지차이가 생긴다.

10도 누구라도 흑1의 팻감을 쓸 것이다.

그러면 3, 5로 절호의 팻감을 이용한다. 백은 4의 이음이 해결의 한 수이다. 이것으로 일단락인데 이 결과는 흑이 상당하다. 그러나 이것이 정해는 아니다.

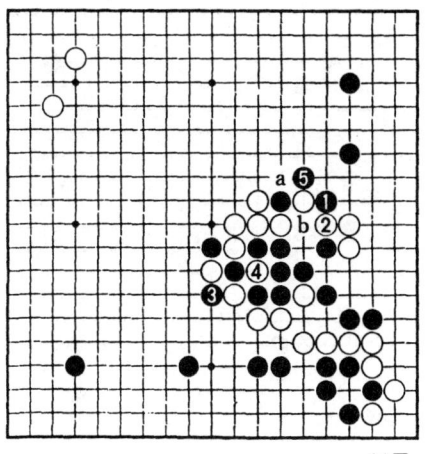

33

11도 어떻게
두어야 할까
먼저 흑1부터
시작을 한다. 이
것이 패를 쓰는
테크닉이다. 백
2에 응하면 그
때 3으로 끊어
패를 시작하는
것이 수순이다.

11도

백이 4의 곳을 때리면 흑5로 단수를 하는 팻감이 있
다. 백a로 때려내면 장차 패가 해소된다. 흑이라도 b의
곳을 집어 넣는 팻감이 있다.

3, 5의 연타가 멋진 자리이다.

패의 모양에 따라 좋고 나쁨을 식별하여 팻감을 생각해
야 한다.

물론 여기에서는 팻감의 수효나 크고 작음에 문제가 생
기지만 설혹 직접적인 팻감이 없어도 비관할 바는 아니다.

팻감을 만드는 것도 하나의 테크닉이다.

이러한 것도 배워둘만 하다.

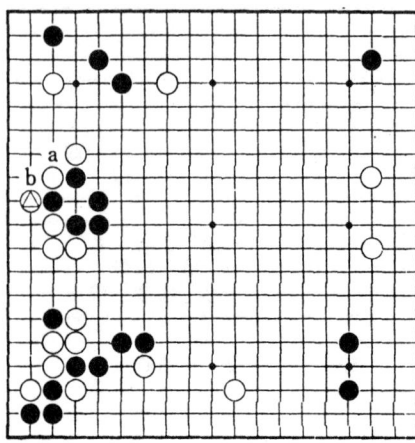

12도

이것은 프로
의 실전에서 천
하패를 구사하
는 일례이다.

12도 백△로
건너간 모양이
다. 물론 이것은
엷은 건넘이다.
흑에서는 a 나
b 의 끊는 수단
이 남아 있다.
흑 a 의 끊음은
박력이 없다. b
의 끊음이 대문
제이다.

13도 여기에
서 흑 1 은 엄한
수이다. 이곳이
승부처이다. 흑
3 으로 패를 쓰
면 백 4, 다음에
12의 내림까지.

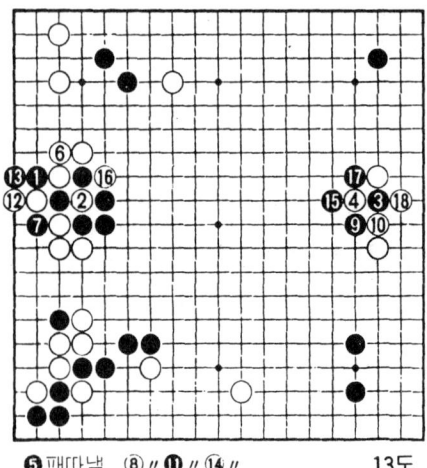

❺ 패따냄 ⑧〃⓫〃⑭〃   13도

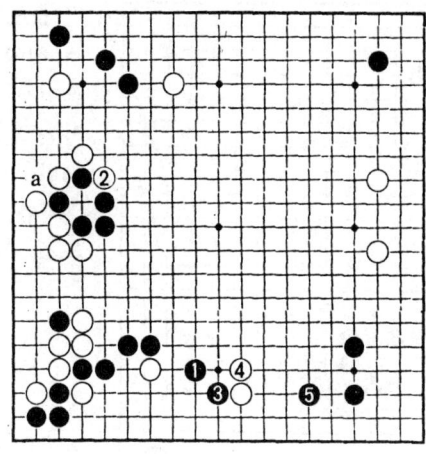

14도

13의 단수로 천하패이다.

흑15의 패씀에 백은 16으로 때려낸다.

이 결과를 용납하는가? 흑17, 백18까지 ──.

14도 실전에서 오청원 9단이 둔 것은 흑 1이었다.

오 청원 9단은 실전에서 패를 교묘히 이용하고 있다.
새삼스럽게 기억에 남는다.

흑 1은 팻감을 만드는 고등전술이다.

백의 응수 여하의 따라 a의 곳을 끊음을 노리고 있다.
흑 1에 백 2로 패를 피하면 3, 5의 공격이 십분 좋다.
하변의 백의 받음은 이 한 수이다.

36

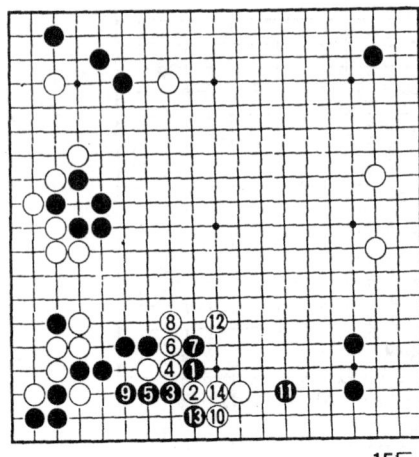

15도

15도 여기에서 백이 백2로 붙여서 저항을 하는 것은 이하 14까지 된다. 흑 2점을 넓게 잡는다. 계속하여──.

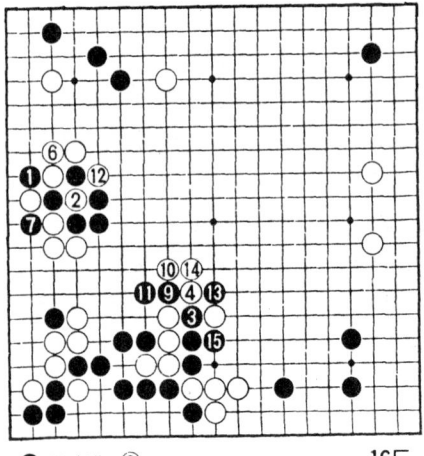

❺ 패따냄 ⑧〃

16도

16도 흑1의 끊음이 큰패의 시작이다.

흑 2점을 잡는 댓가로 흑3 이하 15 까지인데 백12로 패를 해소할 수밖에 없다.

하변이 크게 흑의 수중에 들어온다.

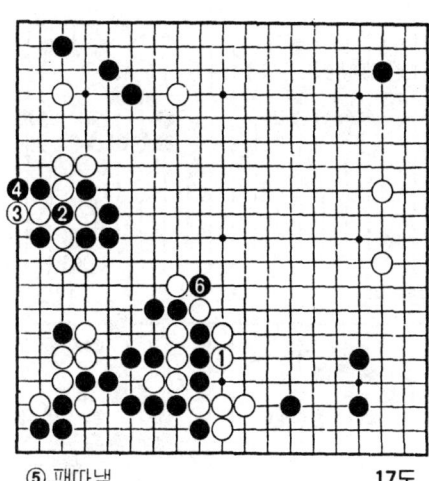

⑤ 패따냄   17도

17도 1로 단수를 하면 어떻게 될까? 그러면 흑2로 때려낸 다음 4의단수까지 —. 다음 백이 5로되 따내면 흑6의 단수로 백은 패를 이길 수 없다. 언제나 팻감을 맏드는 작전이 필요하다.

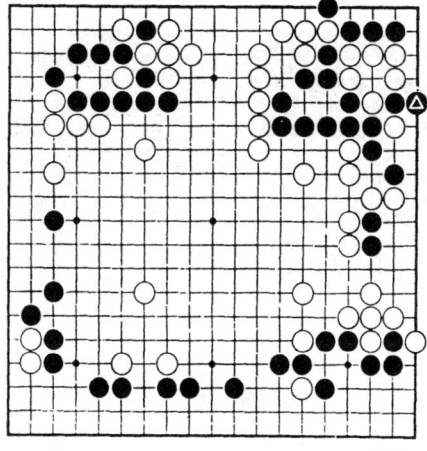

18도

18도 최후에 어려운 문제를 —.

백선이다. 흑 ❷로 내려서 삶과 죽음의 큰패가 형성되었다. 백은 어떻게 두어야 하나?

19도 큰패이다. 여기서 백1로 단수할 수밖에 없다. 흑2로 패를 따면 백3으로 팻감을 쓴다. 흑4로 이어서 패를 해소하는 것이 한수이다.

좌상귀는 흑8까지 최소한의 삶이다. 이 결과는 백이 십분 좋지는 않다.

20도 여기에서 하나의 예를 들어보자. 그것은 백1의 젖힘이다. 흑2로 받을 때, 그때 패를건다. 백3으로 천하패가 된다.

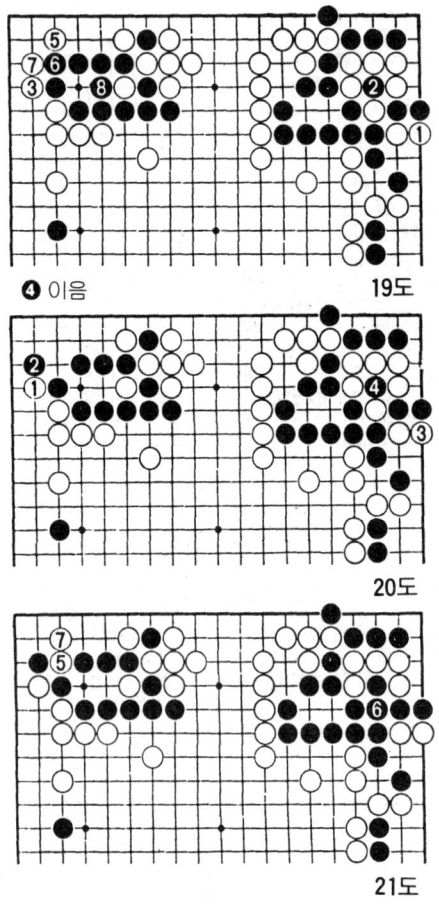

❹ 이음   19도

20도

21도

21도 여기에서는 백5, 7이 유력한 팻감이 된다. 흑6에는 7이 필연이다. 이것은 백이 좋은 바꿔치기이다.

20도의 백1은
팻감을 만드는
수이다.

22도 백1에 흑
이 2의 곳에 조
여 패를 해소하
면(a의 곳을 취
하는 것도 같은
결과이다) 백은
3이하를 선수
로 둔다.

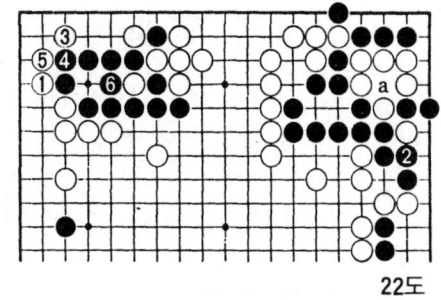

22도

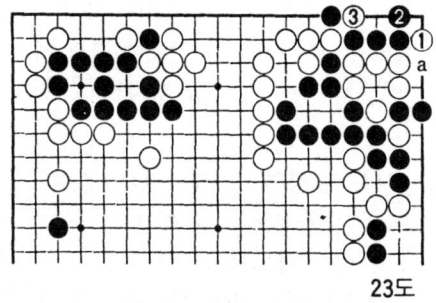

23도

이 결과는 19도와 비슷한 결과이다. 19도는 우상의 백
에 맛이 없다.

23도 본도에서 백 1 의 젖히는 수는 어떨까?

백 1 에는 흑 2 , 다음에 백 3 의 밀어치기는 백이 무리
한 늘어진 패이다.

좌상의 모양이 허락은 우상에 늘어진 패의 모양이 남아
19도와는 차이가 다르다.

이것은 팻감을 만드는 교묘한 벗의 성공이다.

천하패가 날경우 그냥 무턱대고 쓰는 것보다는 팻감을
만들고 패를 쓰는 것이 원칙이다.

3. 패를 유혹

패를 직접적으로 쓰는 것은 앞에서도 보아왔다. 여기서 다시 한번 복습해 보기로 한다.

1. 유력한 팻감이 있어야 패를 시작한다.

2. 팻감이 없을 경우에는 팻감을 만드는 작업부터 하여야 한다.

이 두가지가 기본이다.

한편으로는 패를 유혹하는 방법이 있다. 상대에게 패를 걸어올 수 있도록 유혹하는 것도 하나의 책모이다. 패를 유혹하고 두는 방법을 생각해 보기로 한다.

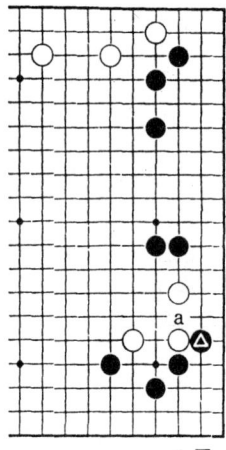

1도 흑❹의 젖힘에 백이 응수를 하는 **방법**은 직접 막거나 a의 곳을 잇는 방법이다.

이것은 패를 유혹하는 것인데…

1도

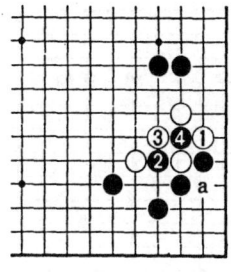 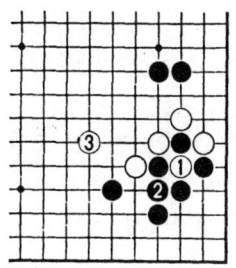

2 도   3 도

2 도 여기에는 백 1 의 직접 막음이 있다. 그러면 흑 2
의 단수는 한 수이다. 흑은 a의 곳을 잇지 않는다.

3 도 전도의 다음 백의 팻씀을 흑이 응수하였을 경우
백 1 로 따면 흑 2 로 잇는다.

백은 탄력적인 두터운 모양이다.

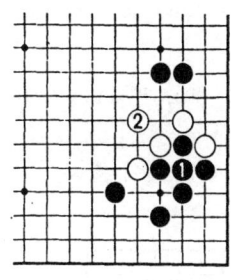 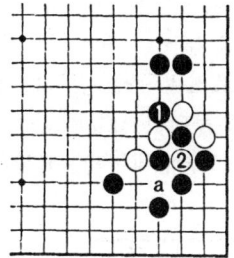

4 도   5 도

4 도 백이 팻감이 없을 때 흑 1 로 이음은 백 2 로 지켜
서 불만이 없다.

팻감의 가치가 크다면 한수 연타할 가능성이 높다.

5 도 백의 팻감은 흑 1 의 끊음이다. 그러면 백 2 로 되
따낸다.

패를 유혹하는 모양을 만드는 방법이다.

6 도(백선) 흑▲의 마늘모붙임에 백의 응수는? 앞페이지의 응용문제이다.

흑의 주위의 견고한 모양을 주지하여야 한다.

7 도 실전에서는 백 1 의 끊음이었다. 이것은 너무나 무거워 좋지가 않다.

또한 도망한다고 하여도 발이 너무 느리다.

백 1 의 뻗음 이외의 방법을 생각해 보아야 한다.

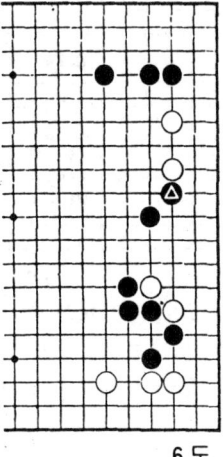

6 도

8 도 백 1 의 한칸이 유력한 수이다. 중앙으로 3 까지 발빠르게 뛰어나간다.

흑 2 로 a의 곳을 젖히는 것은 백 b, 흑 c, 백 d로 이패는 흑에 부담이 있다.

마늘모 붙임에는 이 모양은 한칸을 뛰는 것이 좋다.

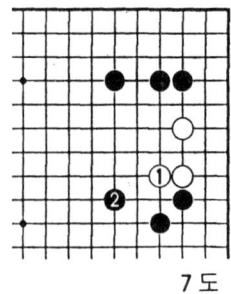

7 도

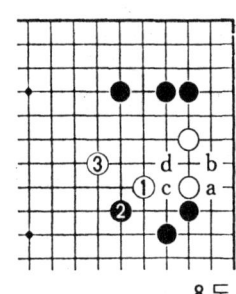

8 도

9도 (흑선) 이
것이 패를 함축
한 맥점이다. 흑
1의 붙임으로 흑
모양을 키우고,
백모양을 제한
하고 있다.

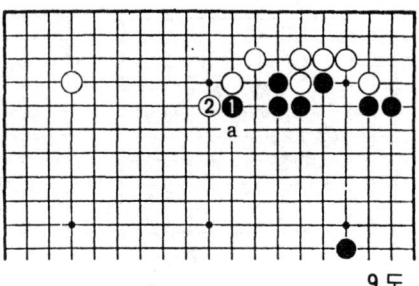

9 도

백 2 는 당연한 젖힘이다. 여기에서 흑이 두는 방법은?
모양상 흑 a의 뻗음은 당연해 보이는데 과연 그러한가?

10도 흑 1의 평범한 뻗음에는 백 2로 누르고 난 다음
에 흑 3으로 젖히면 4로 강하게 끊는다.

흑 3으로 4의 늘음은 기합이 부족하다.

11도 흑 1의 한칸이 좋은 모양이다. 나중에 a의 곳을
엿본다. 흑 1에 대하여 백 b로 단수를 하면 흑 c의 이익이
남는다. a의 젖힘도 유력하다.

1로 a의 곳은 어려운 문제다. 이곳을 둔 것은 현실적
인 문제가 아니다.

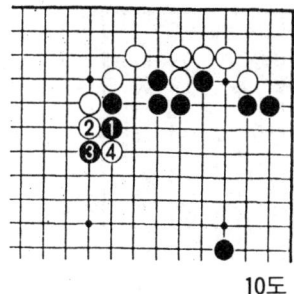

10도

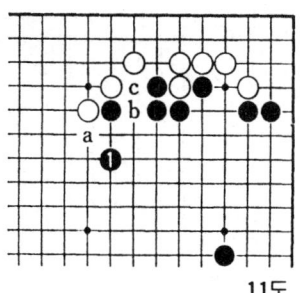

11도

44

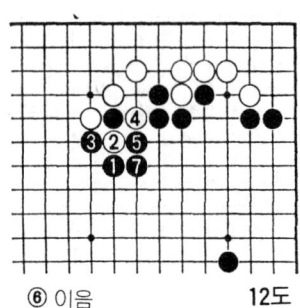
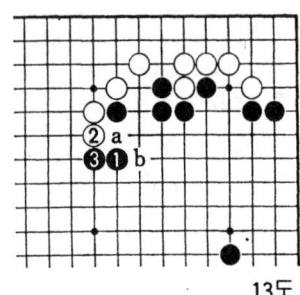

⑥ 이음   12도   13도

12도 흑 1에 대하여 백 2의 단수는 3으로 반발하는 것
이 요령이다. 백 4로 내리면 흑 5, 7로 모양이 견고하여
진다. 백 6의 이음으로 패는 아니다.

13도 흑 1에는 백 2의 뻗음, 그러면 흑 3으로 누른다.
백 a에는 흑 b로 넣는다.

14도 (흑선) 서로간의 절충에서 패를 유혹하고자 하고
있다. 이것도 좋은 예이다.

백 a의 단수에서 흑의 응수는?

단수하는 것에 대해서 백의 의중을 흑은 헤아릴 필요가
있다.

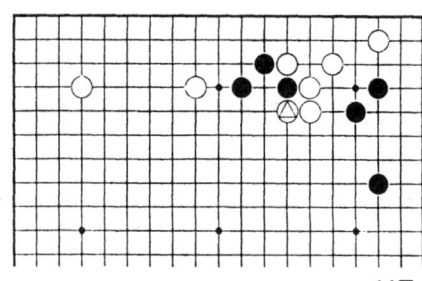

14도

15도 만약 흑 1로 잇는다면 그것은 무거운 모양이다.

백 2로 맹공을 받을 위험이 크다. 백 2로 a 는 나쁘다. 어쨌거나 흑 1의 이음은 대세를 잃는 것이다.

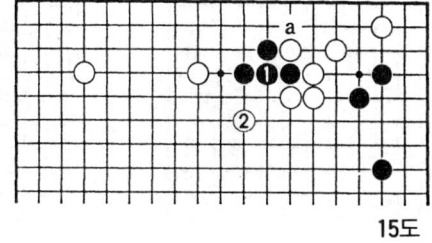

15도

16도 흑 1의 단수를 살펴 보기로 하자. 이것은 패를 유혹하는 강타이다. 백 2의 때림은 한 수이다. 그러면 흑 3은 강수.

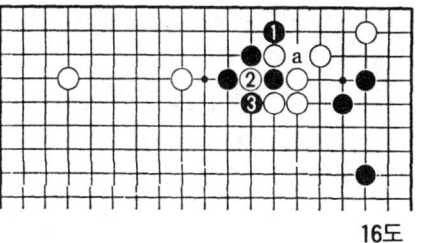

16도

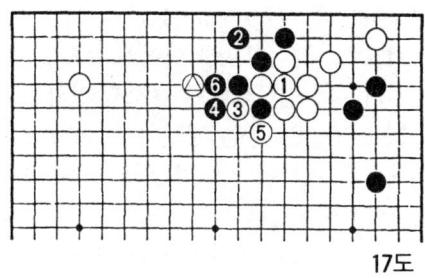

17도

17도 백 1로 이으면 흑은 2로 호구를 친다. 이로써 모양이 형성된다. 백 3의 끊음에서 6까지 일단락이다.

이 모양은 흑이 두터운 모양이다.

백 ⚊ 가 빛을 잃는다.

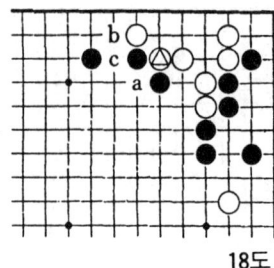 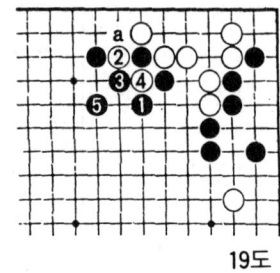

18도   19도

패를 유혹하는 모양으로 넓은 응용범위가 있는 맥점이 있다.

18도 (흑선) 백이 △로 치받고 있다. 흑의 응수를 생각하여 보자. 흑a에는 b의 받음, 다음에 c로 이어서 막대기 모양이나 기합이 없다.

19도 여기에서 흑 1 로 두는 것은 강수이다.

나중에 흑a의 호형을 희망할 수 있다. 백은 2 의 곳을 단수하였다. 흑 3 에는 4 로 잡아서 5 까지 정형이다.

형세가 나쁜 경우에 있어서는 패를 유혹하여 형세를 역전시키는데 강력한 승부수로서 발휘를 한다.

20도 백△로 누른 장면이다. 집수로는 흑이 불리하다. 이대로는 이익이 적어지는 것이 확실하다. 흑●의 한 점을 날릴 수도 없다.

거기서 흑1로 붙여둔 것이 하나의 승부수단이다. 흑1은 패를 유도하고 있으므로 백으로서는 결코 패가 되게 할수 없다.

흑1에 대하여, 백a로 양보를 하면, 흑b로 먼저 단수를치고, 이어서 c도 선수(先手)가 되므로 흑은 역전(逆転)이 된다.

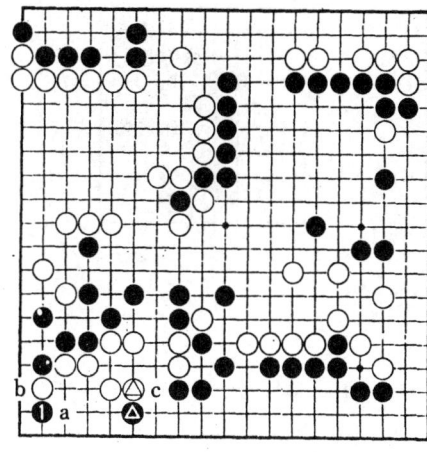

20도

21도 백1로 단수치는 것이 한 수이다. 흑2로 받으면 백 3으로 따내어서 패가 되어 성공적이다. 흑이 부담스러운만큼 손해도 커져서 꽃놀이패라고는 할 수 없지만, 아뭏든 패때림이 많다.

흑10으로 패를 쓰고, 12, 14로 파괴하여 흑이 오히려 역전(逆転) 된 모양이다. 백은 눈모양이 없어지므로 여간 고민스럽지 않다.

흑10으로 a의 끊음은 확실히 이익같지만, 이것은 손해패이다.

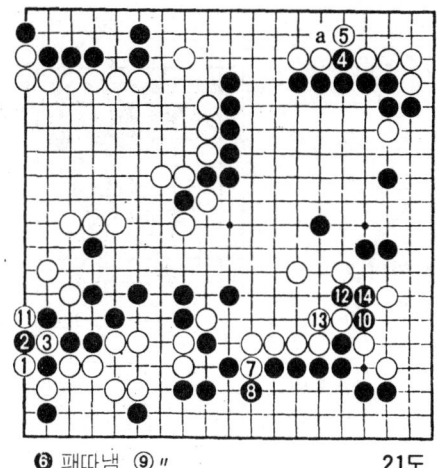

❻ 패따냄 ⑨ ″   21도

48

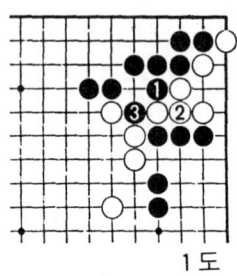
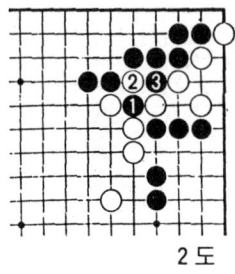

1 도   2 도

4. 패의 수순

상대의 엷은 곳을 찔러 패를 만든다.

어떻게 패를 내는가 여기에 수순이 크게 작용을 한다.

1 도 이 백을 절단하는 것은 간단하다.

흑 1 다음에 3 까지 패가 나는 모양이다. 그러나 이것은 낙제이다.

패를 내는 수순에 착오가 있다.

2 도 흑 1 부터 두는 것이 정수이다.

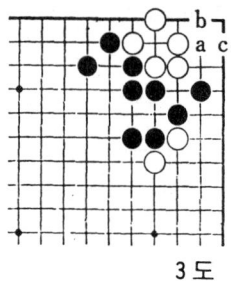

3 도

백 2 로 잡으면 3 으로 결행을 하여 패이다. 이것은 흑이 먼저 선행을 하는 패이다.

패의 수순에 주의하여야 한다.

3 도(흑선) 백에 패를 내는 것을 알아보자.

흑 a 의 붙임에 b, c 로 받으면 패가 나지 않는다.

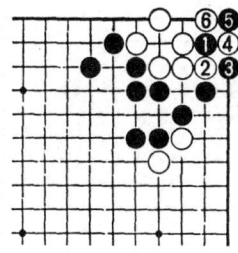 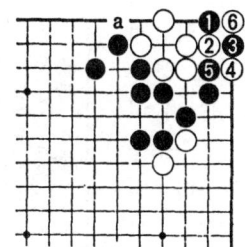

4 도	5 도

4 도 흑 1 의 붙임은 어떨까? 백 2 에서 4, 6 의 비상 수단이다. 이 패는 흑이 취하는 순서이다.

5 도 흑 1 부터 두면 어찌될까? 이것은 흑 3 에서 5 까지 패이다. 이것은 백이 잡는 순서이다.

4 도와 5 도를 비교하여 보면 패를 내는 순서가 다름을 알 수 있다. 흑의 팻감으로는 a 의 곳을 내려서는 이익이 있다. 4 도는 부담이다.

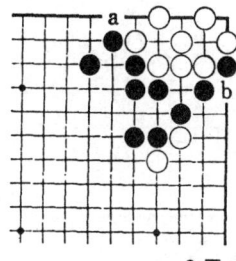 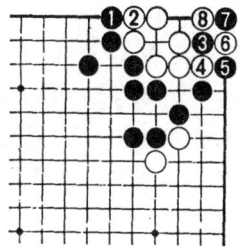

6 도	7 도

6 도 a 는 선수가 아니다. 왜냐하면 b 가 있기 때문이다. 4 도인가, 5 도인가, 팻감을 쓸 수 있는 것이 요령이다. 패를 잡는 순서가 중요하다.

7 도 먼저 흑 1 로 움직이는 것이 정해이다.

이것은 6 도와 상당한 차이이다.

8도 잡는게
먼저인가, 팻쏨
이 먼저인가 여
기에서 승부를
결정짓는다. 이
것도 좋은 예이
다.

흑은 ❷로 단
수하였다. 그러
나 이 수순에는
착오가 있다.

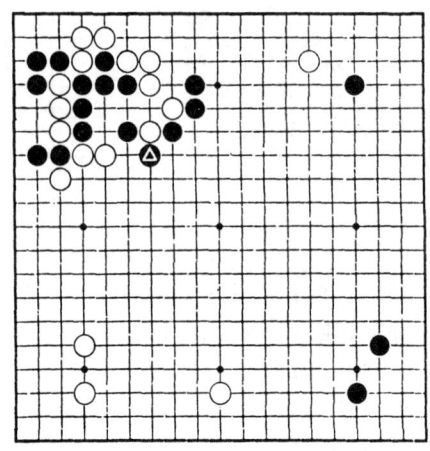

8도

9도 백 1은 흑 2에 백 3으로 끊어서 패이다.

다음에 흑 4로 잡으면 a의 이익이 남아 흑b, 백패를 땀.
흑c 백d의 끊음이다.

10도 어려운 곳이지만 정해는 백 1의 올라섬이다.

흑 2에는 백 3이 좋은 수이다.

흑 4에 백 5로 되따내면 백의 순서이다.

흑 2로 a는 백 3으로 십분이다.

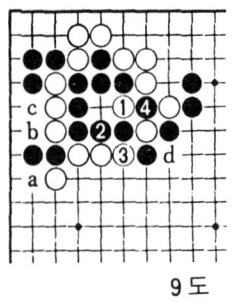

9도

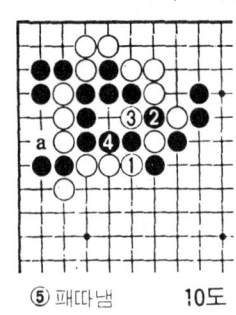

⑤ 패따냄   10도

제3장

초반의 패
여기에 주의

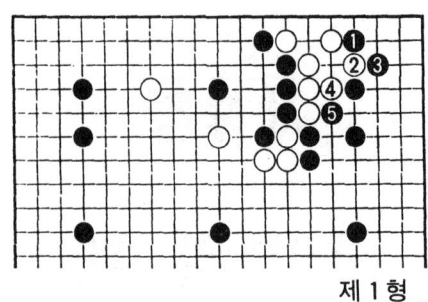

제1형

제1형 9점이나 8점의 바둑에서 자주 나타나는 모양이다. 흑1의 붙임이 강수이다. 백2, 4로 패·흑5로 대환영이다.

1도 제1형에선 지금까지의 수순 경과도이다.

이책의 독자들은 초·중급자들이 많다.

백1의 대책을 완전하게 체득하여야 한다.

9점, 8점의 접바둑의 국면을 살펴보자.

흑2는 분쇄형으로 알기쉬운 방법이다.

초급용의 정석책에 많이 나타난다. 자, 제1형은 백모양의 전개도이다.

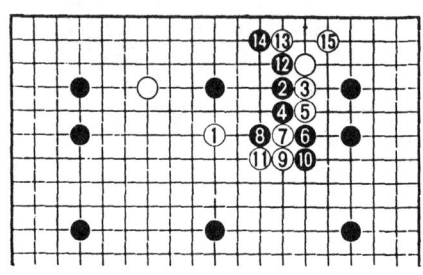

1도

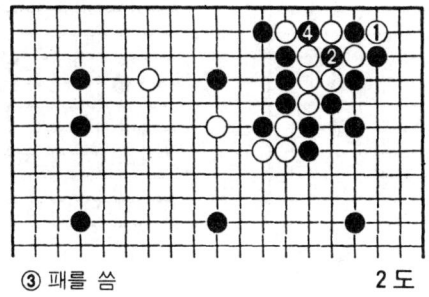

③ 패를 씀   2 도

2도 백 1로 끊으면 흑 2의 잡음은 오직 이 한수이다. 백이 패를 다른 곳에 쓰면 흑 4까지 때려낸다. 이렇게 되면 실리가 두텁다. 현실적인 문제에서 백 3은 그다지 잘 쓰이지 않는 수이다.

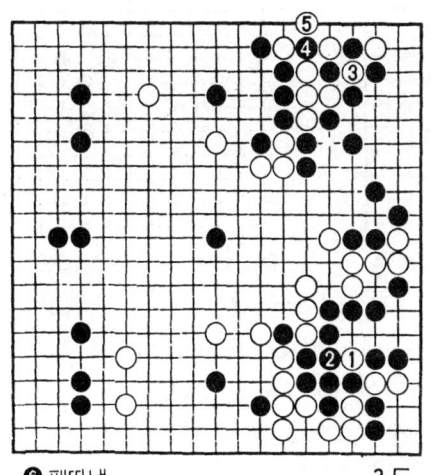

❻ 패따냄   3 도

3도 흑이 패를 따내면 여기에 백은 1로 패를 쓴 다음 되따낸다. 흑4도 팻감의 하나이다.

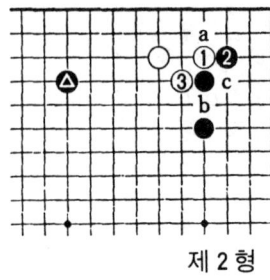

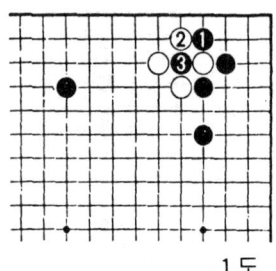

제 2 형   1 도

제 2 형 백은 1, 3을 붙이고 호구하였다. 이것도 자주 나타나는 수단이다. 단독이거나 흑❷의 협공이 있는 곳에서 나타나는 것으로 패를 함축하고 있다.

흑의 응수는 a, b, c의 3곳이다.

1 도 최강의 응수는 흑 1의 단수이다. 백 2에는 흑 3으로 때려내어서 패이다. 이것은 패의 시작.

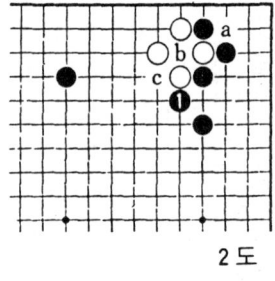

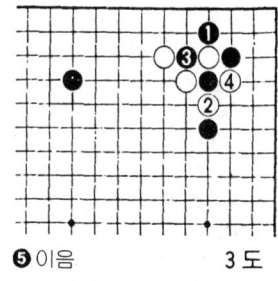

2 도   ❺이음   3 도

2 도 여기에서 흑 1의 호구침은 패를 역으로 유혹하는 수이다. 백a의 끊음에는 흑b로 잡는다. 다음에 흑c의 때림이 있다. 백이 b로 이으면 흑a로 좋다.

3 도 흑 1의 단수에서는 백 2, 4의 변화도 생각해 볼 수 있다. 흑 5의 이음 다음에 ── ·

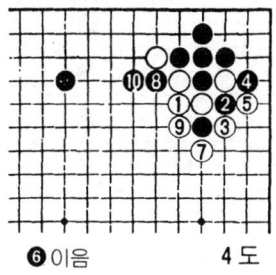

❻이음　　　　　　4 도

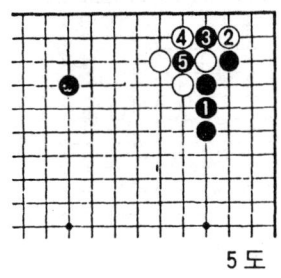

5 도

4 도 백 1 에서 7 까지의 씌움까지 나쁘지가 않다.

흑 8 의 끊음에서 10의 뻗음까지이다. 흑의 축이 좋다면 8 로는 9 의 곳을 나간다. 백의 수습이 어렵다.

5 도 백을 붙이고 젖힘에 흑 1 로 막대기처럼 잇는 수도 있다. 백 2, 4 로 패고 필연 흑 5 다음에 기합에 좋다.

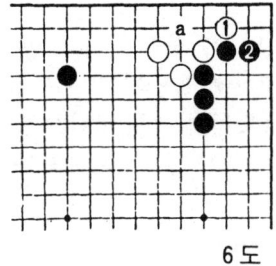

6 도

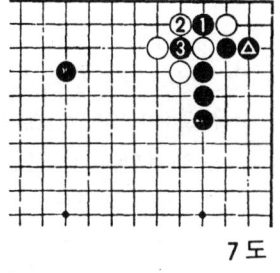

7 도

6 도 백 1 의 젖힘에 흑 2 의 받음도 있다.

a의 노림이 남아 있는 곳이다. 가령 백이 손을 뺀다면 여기에서 — ·

7 도 흑 1, 3 으로 패를 행하여 흑이 패를 이겼다고 볼 때 이 모양에선 감격이 엷다. 흑●의 수가 쓸모없는 수가 된다.

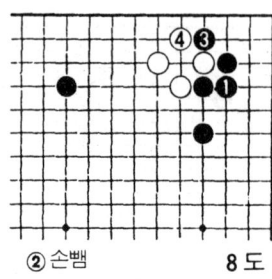 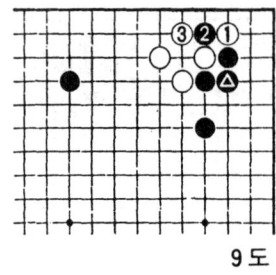

②손뺌   8 도   9 도

8 도 백의 붙이고 젖힘에 대하여 흑 1 의 이음은 견실한가? 백은 틀림없이 손을 뺄 가능성이 높다. 여기에서 흑 3 의 젖힘에는 백 4 로 의연히 패가 난다.

9 도 여기에서 백이 손빼는 것에 대하여 흑이 손을 빼면 기회를 보아 백 1, 3 으로 패를 결행한다. 1 도와 흑 ▲ 가 있는 것의 차이를 음미하여 보자.

10도 흑 1 의 이음에 대한 백에서 2 의 붙임이 있다. 백이 2, 4 로 두어 상변의 한점이 고심에 빠진다.

백이 붙여서 호구침에 대하여 1 도처럼 패를 내던가 5 도와 같이 막대기처럼 잇거나 하는 수이다. 여기에서는 주위의 상황이 변하여도 같다.

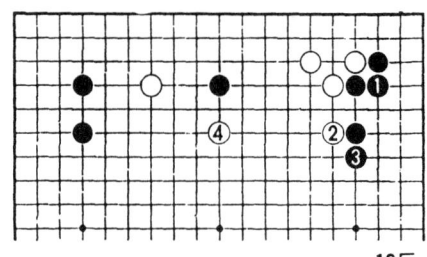

10도

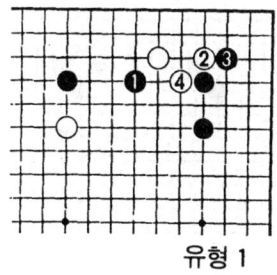

유형 1

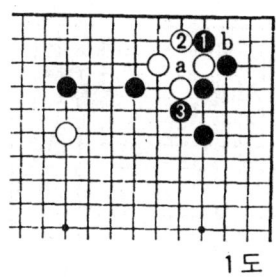

1 도

유형 1 백의 걸침에 흑 1 로 짚으면 이후 변화하여 제 1 형이 나타난다. 여기에서 백 2, 4 로 붙이고 호구친다.

1 도 흑 1 의 단수가 강경책의 하나이다.

백 2 는 패를 함축하여 받음인데, a로 패를 다투거나 흑 3 으로 호구함이 좋은 수이다.

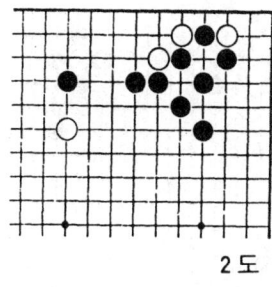

2 도

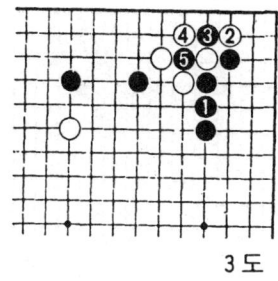

3 도

2 도 이것은 패를 때려낸 모양이다.

흑이 계속 연타를 한 모양인데 백의 투료의 한 수이다.

3 도 백의 붙이고 호구침에 대하여 흑 1 은 막대기 모양이다. 백 2, 4 로 된 모양에서 흑은 5 의 패를 떼어내었다.

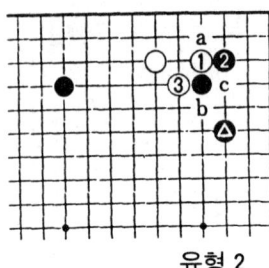

유형 2

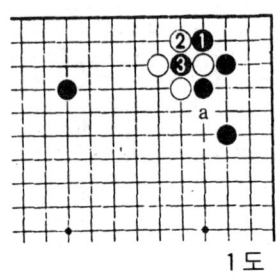

1 도

유형 2 흑▲의 날일자에 대하여 흑의 두는 방법은 같음을 생각할 수 있다. 흑은 a의 단수나 b의 뻗음, c의 이음 등인데 c의 이음은 기합이 약하다.

1도 흑 1의 단수에 백 2로 받아서 패이다.

흑은 3으로 잡고, 나중에 다시 패를 쓰거나 해소를 한다. 여기에서 백에게 강력한 반발이 있다.

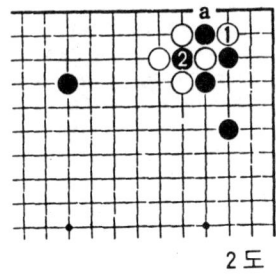

2 도

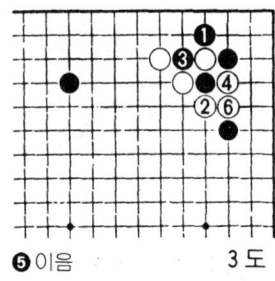

❺이음

3 도

2도 백 1로 패를 크게 유발한다. 흑 2로 본격적인 패이다. 만에 하나 흑에게 팻감이 많다면 백 a로 때려낸다. 그러면 흑은 3수를 둘 수가 있다.

3도 흑 1의 단수가 패를 겸하는 수이다. 백 2, 4로 변화한 다음 5의 이음까지 ── ·흑 6으로 끊어서 패를 내는 것은 무모하다. 백 6에 ── .

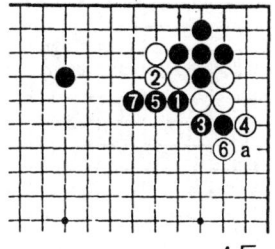 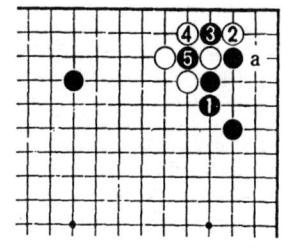

4 도　　　　　　　　　　　　5 도

4도 흑1의 급소를 끊어서 흑이 유리한 국면이다.

백2의 이음에는 흑3의 올라섬, 백4에는 흑5, 7이 알기쉽다. 이 다음 흑a의 끊음이 있다. 축이 흑에게 유리하다면 흑5로 a의 곳을 막는다.

5도 백의 붙이고 호구침에 대하여 흑1로 끄는 것은 백2, 흑3 다음에 5까지 패이다.

흑3으로 a의 곳을 두는 것은 좋지 않다.

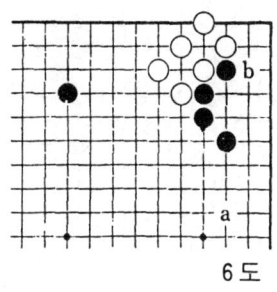 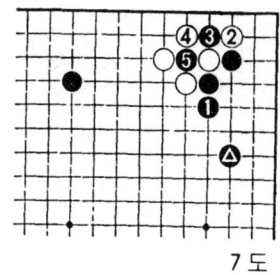

6 도　　　　　　　　　　　　7 도

6도 흑이 전도의 패에 진 경우의 모양이다. 이 정도의 곳이다. a나 b로 둘 여유가 있다.

흑은 다른 곳에 2수를 더 둘 수가 있다.

7도 흑▲의 눈목자에서도 같다.

흑1로 끄는 것은 5까지의 패이다.

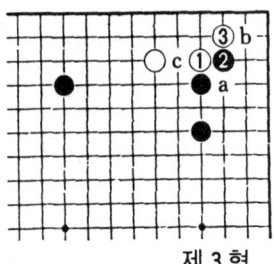

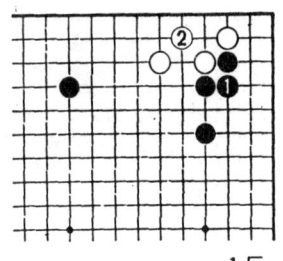

제 3 형   1 도

제3 형 백 1, 3의 붙이고 젖힘도 때를 함축하고 있는 수이다. 여기에서는 제 2 형처럼 심각한 패의 가능성은 적다. 흑의 응수는 a의 이음, b의 2단 젖힘, c의 단수 등이다.

1도 흑 1의 이음은 조화를 잃은 견실하지 못한 수이다.

알기쉬운 모양이어서 초급자가 가끔 두지만 백 2가 좋은 모양이다. 흑 1로 두는 것은 바둑이 진보되지 않는다.

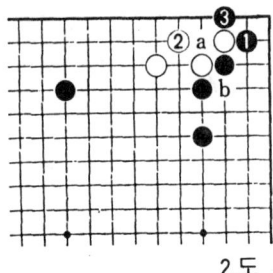

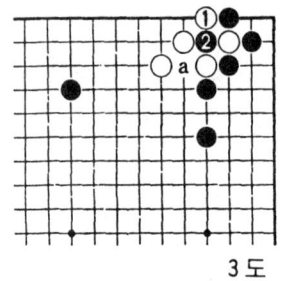

2 도   3 도

2도 흑 1의 2단 젖힘, 이것은 강수이다.

백에게는 반격의 수단이 없다. 백 a에는 흑 b로 되어서 흑이 좋다.

3도 계속하여 백 1에는 흑 2의 패 다툼.

초반의 맛보기 팻감으로 a의 곳이 있다.

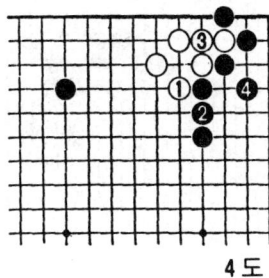 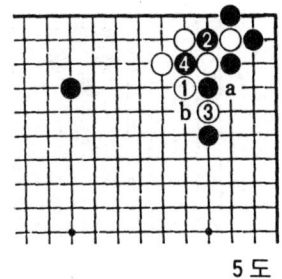

4 도   5 도

4 도 1의 곳을 호구치는 변화이다. 흑 2의 막대기 이음. 다음에 백 3, 흑 4로 일단락이다. 이것은 정석이 아니다. 호각의 갈림이다.

5 도 백 1의 호구침 흑 a로 둘 수는 있는가?

백 3의 단수에서 흑 4로 패를 취하는 것은 3 도와 다르다. 백에 부담이 작은 패가 아니다. 나중에 백 a 흑 이음 백 b로 변화할 가능성이 크다.

6 도 흑 1의 2단 젖힘에 대하여 주의를 요하는 모양의 하나이다.

백 2로 누르면 흑 3으로 탈출, 다음 4에서 12까지 —.

흑 1로 4의 곳 이음은 알기쉽다. 여기에서는 다음도 이하가 유력하다.

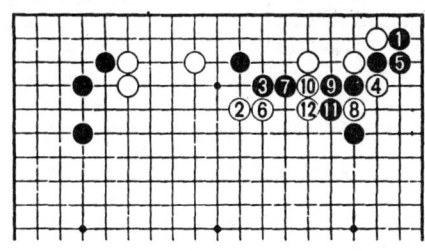

6 도

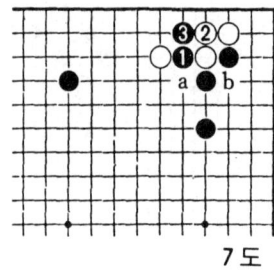

7 도

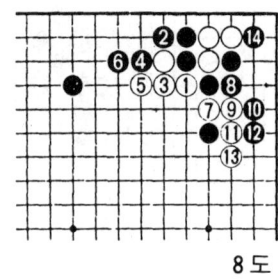

8 도

7 도 백의 붙이고 젖힘에 대하여 흑 1, 3 의 나감이 매우 두기 어려운 수이다. 왜냐하면 모양이 너무 결정되기 때문이다. 흑 3 으로 a 의 곳 이음은 백 3 으로 건너가서 불만이다. 흑 3 다음 백 b 는 흑 a 로 두텁다.

8 도 백이 1 의 곳을 끊으면 이다음 14 까지 외길이다. 정석에는 반드시 나가는 것을 설명하고 있다. 12 와 14 의 젖힘이 좋다.

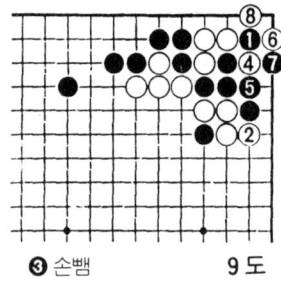

❸ 손뺌　　9 도

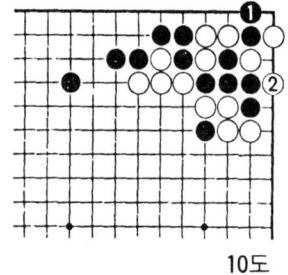

10 도

9 도 단순히 1 의 곳의 젖힘에는 백 2 로 내려선다. 여기서 흑이 손을 빼면 백 4 로 끊고 6, 8 로 패가 난다.
백의 꽃놀이 패이다.

10 도 1 로 뻗으면 백 2 로. 본패이다.

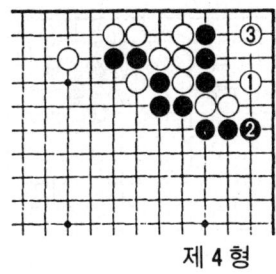

제 4 형

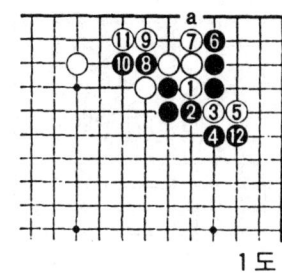

1 도

제 4 형 화점정석에서 생긴 모양이다.

백 1, 3 의 공격에 흑은 어떻게 두어야 할까?

1 도 붙이고 뻗은 정석에서 백 1, 3 으로 나가 끊었다.

이것은 정석으로 백의 무리한 진행이다.

흑 6 의 내림에 백 7 의 막음, 흑은 8 로 나가끊는다.

이후 12의 내림까지 되는데 흑은a 의 곳을 단수하지 않는다.

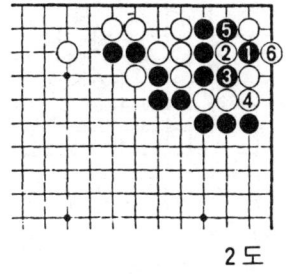

2 도

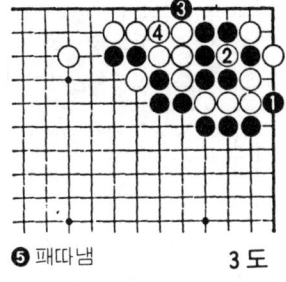

❺ 패따냄

3 도

2 도 흑 1 로 찌르는 수이다. 백 2 의 단수가 한수이다 이하 6 까지 된다.

3 도 흑 1 의 단수에 백 2 로 잡으면 흑3은 자만의 팻감이다. 백 4 로 이으면 5 의 곳을 되따낸다.

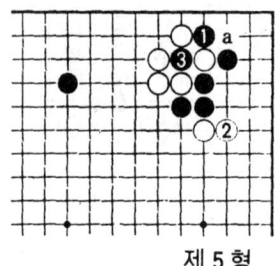

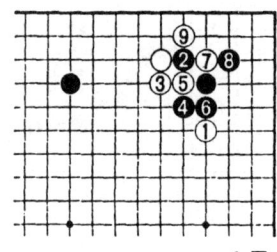

제 5 형   1 도

제 5 형 흑 1 의 단수는 신경질적인 패의 시작이다.

a 의 받음은 무리이다. 여기에서 백 2 의 내림은 모양이다. 흑 3 으로 때려낸 다음에 방치하고 있음을 많이 본다. 흑 1 로 a 의 곳을 내려섬은 기합이 약하다.

1 도 제 5 형까지의 수순이다.

백 1 의 양걸침에서 흑 2, 4 는 강수. 여기서 중도에 납득할 수 없는 이유는──·

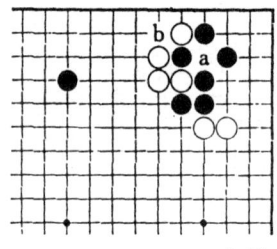

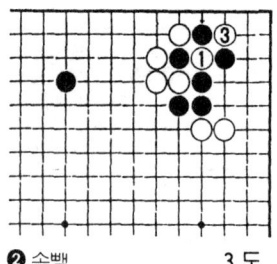

2 도   ❷ 손뺌   3 도

2 도 흑에서 a 의 곳 이음은 기합이 부족하다.

흑 b 로 끊어 패를 결행한다. 하지만 초반에는 팻감이 문제이다.

3 도 반대로 백에서 1 의 곳을 취하면, 흑이 손을 빼 3 으로 끊어서 불패이다.

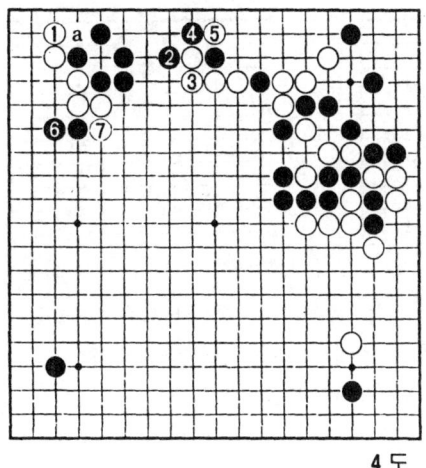

4 도

4 도 본인방
전 7번 승부에
서 무궁(武宮)
본인방이 백1
의 신수를 두었
다.
　여기에서 백
a의 단수는 2,
4의 팻감이 있
다.

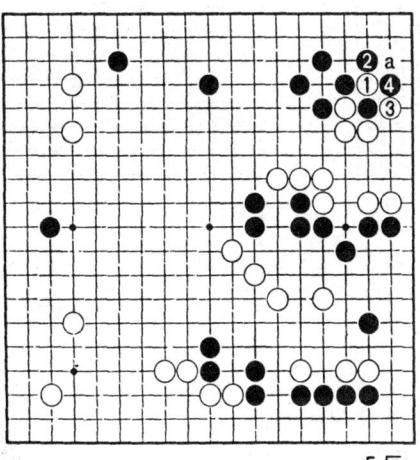

5 도

5 도 백1, 3
의 때려냄에는
흑4가 절대의
한 수이다. 전도
와는 혼동이 없
어야 한다. 백a
는 두지않고 흑
4의 단수가 한
수이다.

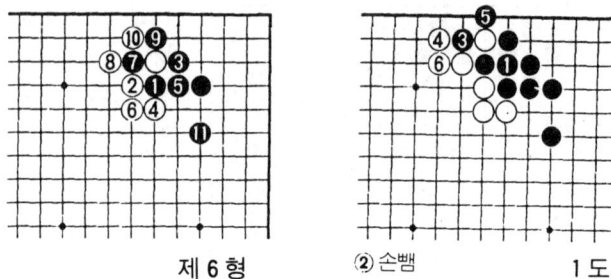

제 6 형   ② 손뺌   1 도

제 6 형 붙이고 젖히는 정석이다. 백이 6 으로 위를 이
으면 7 에서 아래쪽 끊음에서 10의 단수가 남는다.

제 5 형과 같이 패는 방치하여 둔다.

1 도 패를 잇는 것은 좋지 않다. 흑에서 1 의 곳을 잇
는수이다. 백이 손을 빼면 흑은 3, 5 로 끊어잡는다.

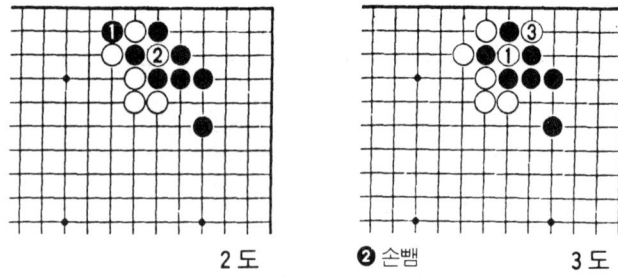

2 도   ❷ 손뺌   3 도

2 도 여기에서는 흑 1 의 직접끊음이다. 시기가 어렵다.
초반에 너무 일찍 서두르는 것은 팻감 때문에 고심이
다.

3 도 반대로 백 1 로 잡으면 흑이 손을 뺀다. 그러면 백
3 으로 끊어서 본격적인 패이다.

흑은 다른 곳에 3 수를 둘 수 있다.

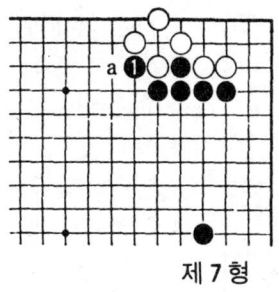
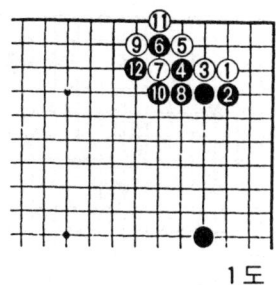

제 7 형

1 도

제 7 형 흑 1 의 단수는 절대이다. 백에서는 a 의곳을 단수하고 수와 잇는 수가 있다.

1 도 백 1 로 3·3에 침입을 하여 흑 2 로 막아서, 6 으로 격한 2 단젖힘이다.

흑12까지 정석이다.

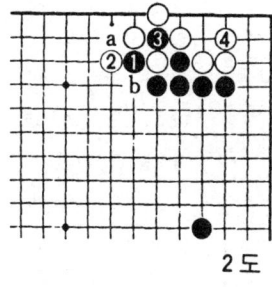
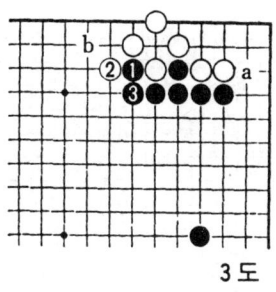

2 도

3 도

2 도 흑 1 의 단수에는 백 2 의 반발이 있다. 그러면흑 3 으로 패를 때려서 백 4 로 지킨다. a 로 끊어서 패이다. 흑의 패씀에는 백b로 될 자리이다.

3 도 백 2 에 흑 3 도 두터운 수이다. a 의 지킴과 b 의 엿봄이 있는 곳이다.

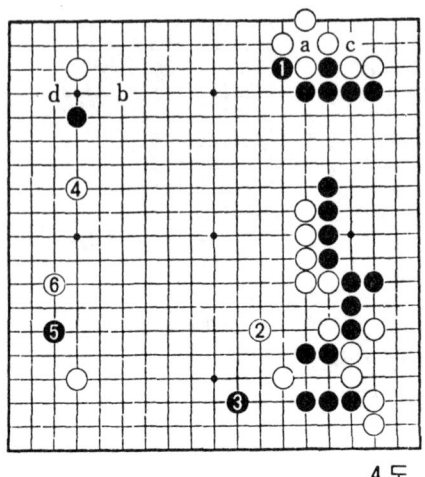

4도 흑1의
단수에는 반발
을 하는것이 보
통이다.

손을 빼고 2,
4로 포진을 한
다. 흑a로 포
진을 하면 백b,
흑c, 백d로 우
상을 희생하는
작전을 편다.

4 도

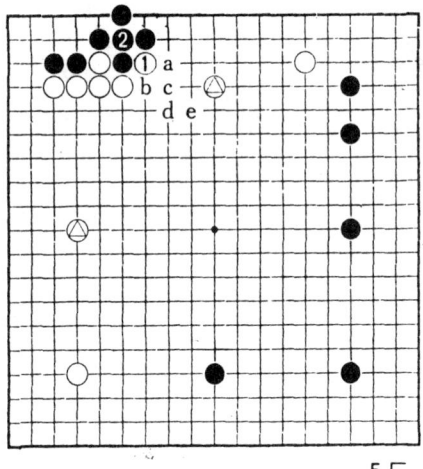

5도 3·3에
침입을 한 이
후의 변화인데
백이 △로 양날
개 포진이다.

흑2 다음에
백a에서 손을
빼고 호점을 향
한다.

백이 손을 빼
면 흑a, 백b,
흑c, 백d, 흑e
가 된다.

5 도

6도 이런 모
양에서는 어떨
까?

백1의 단수
는 프로라도 상
당히 혼미하다.

백△의 존재
를 생각해야 한
다.

7도 흑1의 이
음에 백2는 손을
뺀다.

흑3의 단수에
는 백4, 6이 정
형이다. 흑a의
끊음은 별문제
가 안된다.

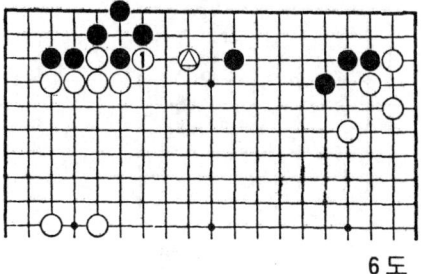

6도

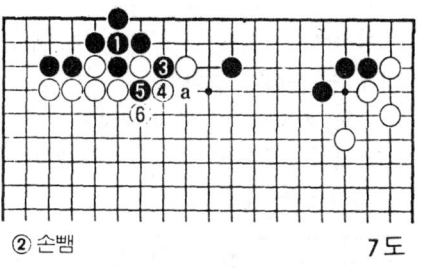

② 손뺌

7도

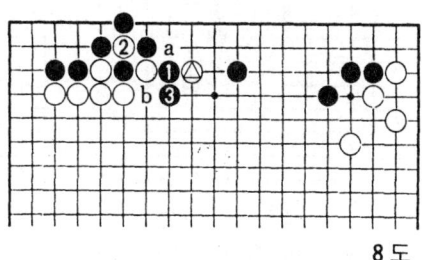

8도

8도 흑1로 반발을 하면 백2의 패 때림, 그러면 3
으로 돌파한다.

백△가 악수로 변한다. 전도의 중앙과의 큰 차이다.

백2로 b의 곳 이음은 흑3으로 나가서 좋다.

70

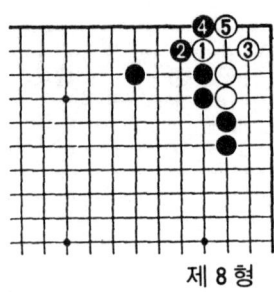
제 8 형

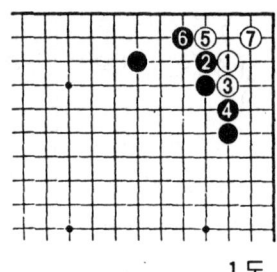
1 도

제 8 형 백 1, 3 으로 젖혀받음은 패의 맥이다.

실전에서 나타나는 모양이다. 흑 4 에 백 5, 이 패를 지게 되면 손해가 크다.

1 도 화점정석에서 눈목자와 날일자 굳힘에서 나타난 모양이다. 백 1 의 침입에서 흑 2 의 내려섬, 다음 3 에서 7 까지 바른 수순이다.

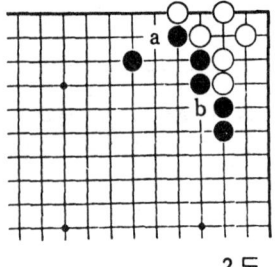
2 도

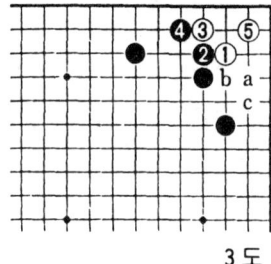
3 도

2 도 백이 패에서 이런 모양이다. 백 a 의 단수와 b 의 곳 끊음이 남는다.

3 도 단순히 3, 5 로 된 모양도 패가 나는 모양이다. 이런 모양에서는 흑 a 의 강타는 생각을 해 보아야 할 점이다.

백 b 는 흑 c 로 주위의 상황에 따라 판단을 달리한다.

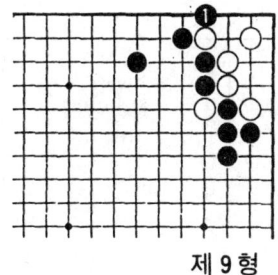 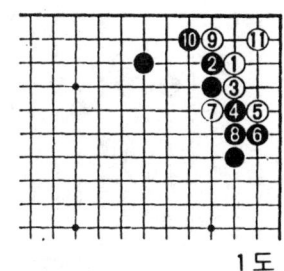

제 9 형   1 도

제 9 형 흑 1 의 단수가 무조건 패가 난다고   생각하는 것은 잘못이다. 무조건 백이 산다.

1 도 화점의 눈목자 굳힘에서 나타나는 모양이다.   백 1 에 침입을 하여 9, 11로 젖힘까지. 이것은 전형과   같다.

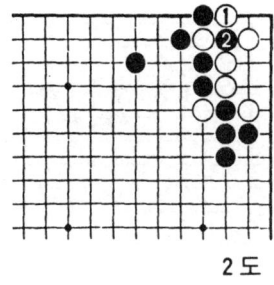 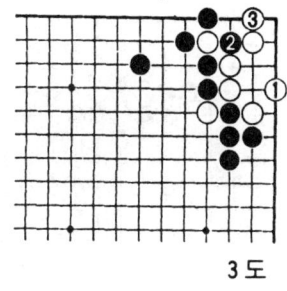

2 도   3 도

2 도 흑의 단수에 백 1 로 받는 것은 흑 2 로 때려서 패이다. 백의 팻감이 부족하다면 승부는 여기서 결정될 것이다.

3 도 백 1 의 호구침이 삶을 유발하는 수이다.

흑 2 에는 백 3, 흑 2 로 3 은 백 2 로 둔다.

무조건 사는 모양이다.

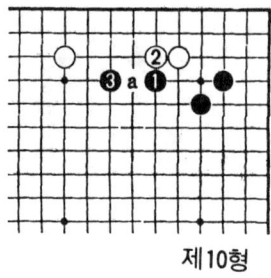 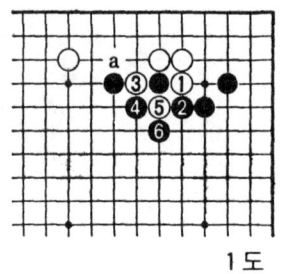

제10형   1 도

제10형 흑 1 로 씌워 압박을 한 다음에 3 까지 된 모양
이다. 흑 3 으로 a의 뻗음은 맥이 아니다.

1 도 여기에 백 1, 3 으로 단수하여 나가는 것은 어떨
까? 그러면 흑 4, 6 으로 패가 난다. 백 a로 건너가는 것
은 흑이 두터운 모양이다. 백은 고심의 진행이다.

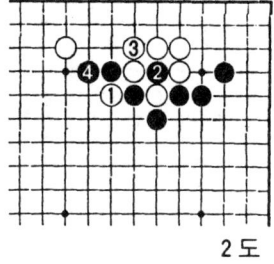 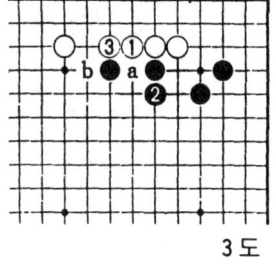

2 도   3 도

2 도 백 1 부터 먼저 나가는 것은 어떨까?
흑 2 에는 3 으로 건너간다. 이것은 정석이 아니다.
3 도 흑 2 는 정수이다. a로 이으면 백 3 으로 건너간다.
다음 백 b가 좋은 모양이다.

4 도 상변에
백의 원군이 없
는 경우에는 우
변으로 발전한
다.

혹1, 3은 유
력하다. 혹5를
a에 잇는 것은
우변을 중시한
수이다.

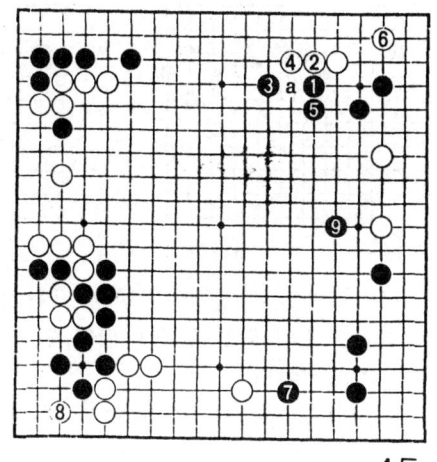

4 도

5 도(유형) 혹1의 씌움에서 3의 한칸은 정석이다. 백
10까지 누가 두어도 마찬가지다. 백4로— .

6 도 1의 곳을 나가는 것은 1도와 같은 속맥의 견본
이다.

혹4, 6으로 차단된다. 이 다음 백a는, 혹이 패를 땀.
백b, 혹c로 문제가 없다.

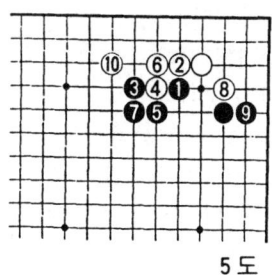

5 도

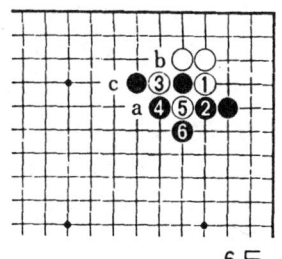

6 도

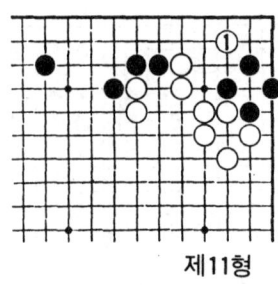
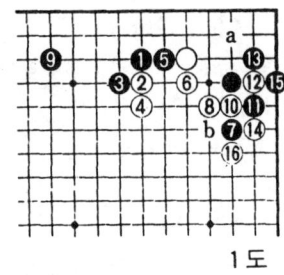

제11형   1 도

제11형 백 1 의 달림에 대하여 흑의 응수는?

1 도 흑 1 의 한칸 협공에 백이 **2, 4** 로 붙여 늘었다. 이것은 정석이다.

백 16 다음 흑 a 로 살면 백 b 가 보통이다.

그러나 a 를 생략할 가능성이 높다. b 로 되면 11형이다.

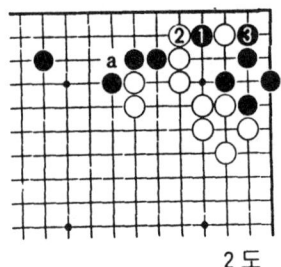
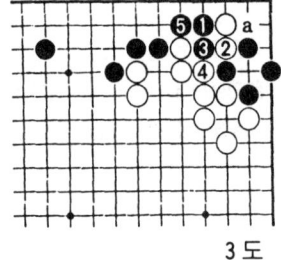

2 도   3 도

2 도 다음에서 **1** 로 붙이는 것은 어떨까?

백 **2** 에는 흑 **3** 으로 내려서서 간단히 산다.

백 **2** 의 나감은 a 의 끊음을 노리는 수이다.

3 도 흑 1 의 붙임에 백 **2** 로 나가는 수가 있다.

흑 **3** 에는 백 **4** 의 끊음, 흑 **5** 로 건너면 패가 된다. 이 것이 냉정한 좋은 수이다. 흑 **5** 까지 된 모양에선 패의 부담이 적다.

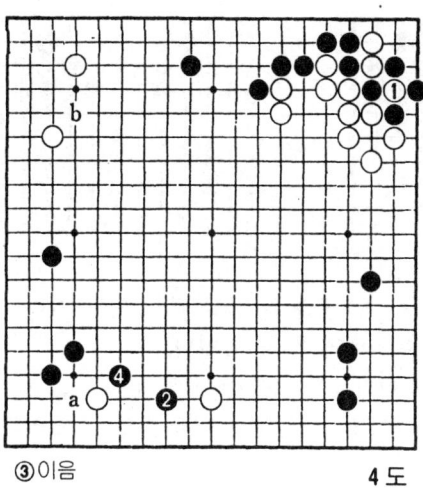

4도 계속하
여 백1로 때리
면 이것은 패의
시작이다.

혹은 2수 더
큰곳을 갈 수가
있다.

혹2로 b의
패씀은 백이 받
아서 악수가 아
니다.

③이음   4도

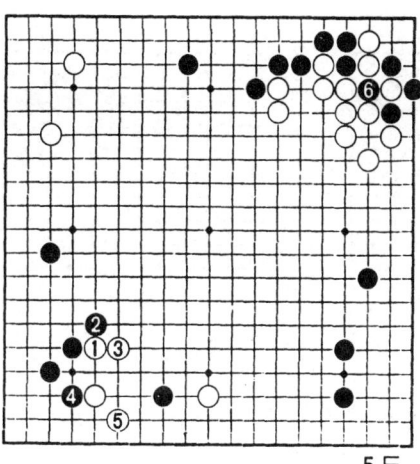

5도 그래서
백은 1의 곳에
두어   응수를
타진하였다. 혹
2, 4의 받음에
백5, 혹6으로
우상의 패를 즐
겁게 때려냈다.

5도

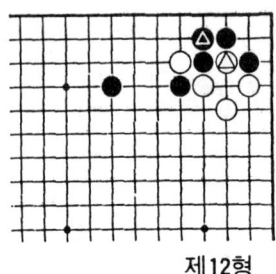
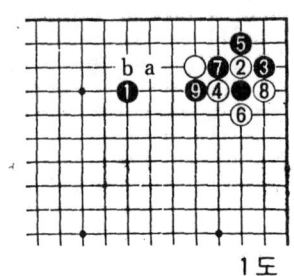

제12형

1 도

제12형 이 모양에서는 흑●와 백◎의 교환이 있다.
이 모양에선 패의 맥으로 좋은 수가 있다.

1 도 흑 1 의 협공이다. 흑 1 로 a 나 b 도 같다.

백은 2, 4 으로 붙이고 호구쳤다. 백 8 까지는 필연의
수순이다.

여기에서 흑 2 는 보통인데 9 의 끊음이 과격한 도전으
로 백의 응수를 묻는다. 백이 패를 따고 흑이 이으면 12
형이다.

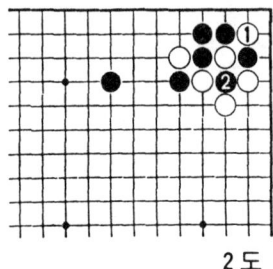
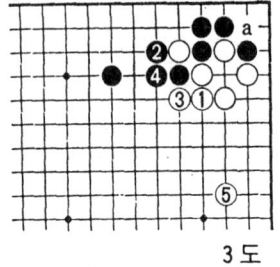

2 도

3 도

2 도 백 1 로 두면 흑 2 로 때려낸다.

팻감이 문제가 아닐 수 없다.

3 도 백 1 의 이음이 우형의 좋은 수이다. 백 a 로 패를
결행하지 않는다. 백 3, 5 로 십분 좋다.

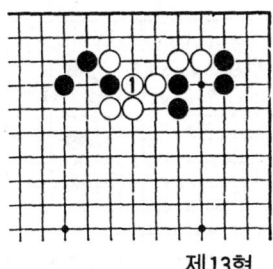 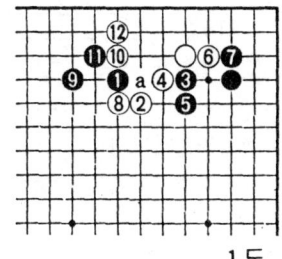

제13형　　　　　　　　　　　　　　　1 도

제13형 백 1 의 단수는 대악수이다.

1 도 흑 1 의 2 칸 높은 협공에서 백 2 로 어깨를 짚어 이하 12 까지 변화한 모양이다.

백12로 a의 곳을 단수한 모양이다.

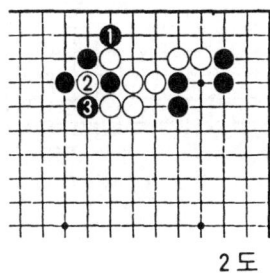 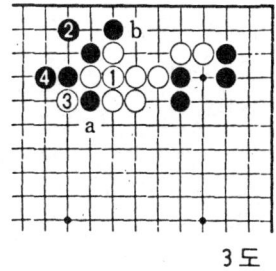

2 도　　　　　　　　　　　　　　　3 도

2 도 여기에서 흑 1 의 반발이 있다.

백 2 에는 흑 3 으로 백의 다음 수가 궁하다.

3 도 여기에서 백 1 로 이으면 백모양은 우형이다. 흑 2 에 백 3, 그러면 흑 4 까지 정형이다.

백a의 때림은 중복이된 모양이다. 흑 4 로 a의 곳 뻗음 은 강력한 전투성이 포함된 수이다. 흑b로 되고 보면 백 의 눈모양이 불안하다.

제14형 흑의 3칸 협공이 변화이다.

백1의 어깨짚기에서 3, 5의 붙이고 젖힘은 해결의 맥이다.

여기에서 흑은 a의 막대기 이음이나 백6으로 정형이다.

흑6의 단수에 백의 응수인 c의 이음은 최저이다.

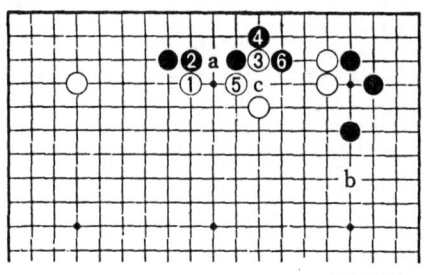

제14형

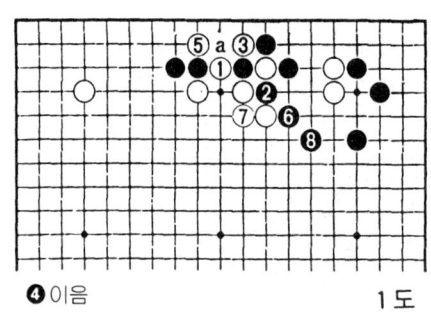

❹이음   1도

1도 여기에서 백은 1의 곳으로 변화하여 둔다.

이곳은 어려운 곳이 아닐 수 없다.

흑2의 잡음은 한 수이다. 백3의 단수로 a의 곳에 두어 패를 피하는 것은 무리이다.

흑4의 이음은 한 수이다. 다음 백5의 젖힘으로 성공인가?

흑은 6, 8로 맛좋게 2점을 잡는다.

이것이 실전례이다. 흑의 실리가 커서 백에게 좋은 변화가 아니다.

2 도 여기에
서 다른 방법은
백1로 두는것이
다. 이것이 본
맥이다.

혹 2 로 패를
때리면 백 3 이
하의 팻감으로
서 백은 충분한
싸움이다.

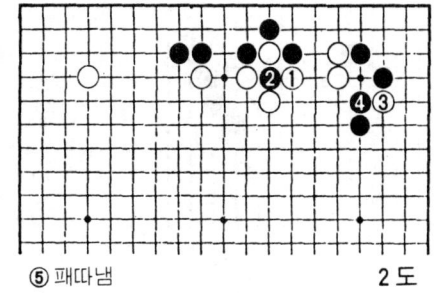

⑤ 패따냄   2 도

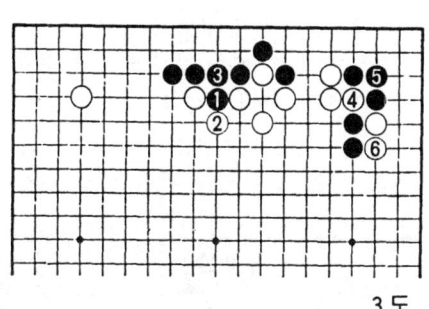

3 도

백 3, 혹 4 에 백은 당연히 패를 되따낸다.

다음에 혹이 두는 수가 궁하다. 혹은 이 부분에서 팻감
을 구하지 않을 수가 없다.

3 도 백이 패를 취하면 혹 1, 3 으로 양보를 하지 않을
수 없다.

백 4, 6 으로 우상쪽으로 전선을 확대한다.

혹 5 로 6 은, 백 5 의 끊음이 있다.

이상에서 보면 2 도의 백 1 이 최강임을 알 수가 있다.

환언해서 제14 형의 혹 6 의 단수는 무리라는 결론이다.

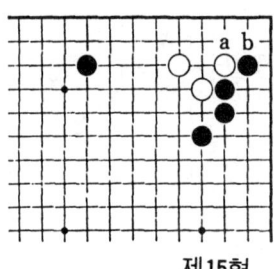

제15형

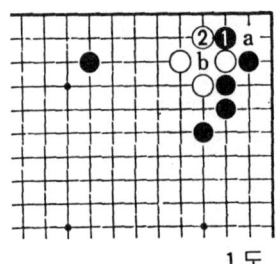

1 도

제15형 실전에서 흔히 나타나는 모양이다.

백a의 내려섬이 정석이다. 허나 백이 손을 빼는 것도 유력하다. b의 곳을 젖혀서 패를 유혹하기도 한다.

1 도 손을 빼면 흑 1 의 단수, 백 2 로 받아서 패이다. 흑은 a의 곳을 잇지 않는다.

b의 곳을 잇지 않고 패를 다투는 것이 좋다.

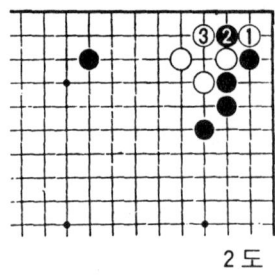

2 도

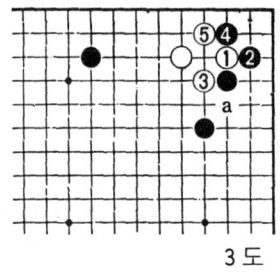

3 도

2 도 붙이고 젖힌 모양이다. 이것은 손을 빼지 않은 적극적인 방법이다.

결국은 팻감이 문제가 아닐 수 없다.

3 도 백 1, 3 으로 붙이고 호구치면, 흑 4 의 단수, 여기에서 백 5 로 a의 곳을 반발하는 것도 정석이다.

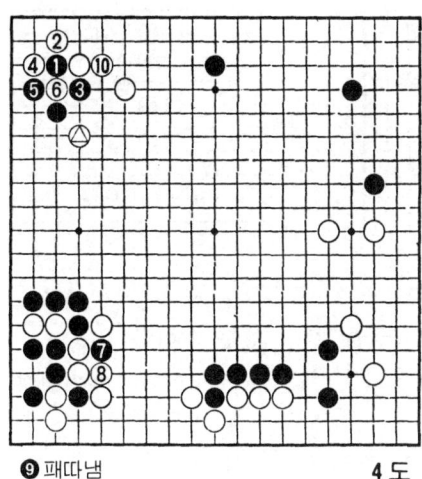

❾ 패따냄   **4 도**

4 도 나의 실전이다. 백⬡ 가 놓여 있음을 유의한다. 흑 1, 3 이 유력하다. 백 4 에는 흑 5 로 받는다. 백 10 까지 양보하지 않을 수가 없다. 계속하여 — .

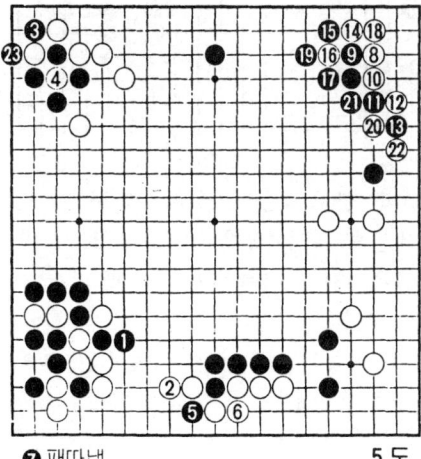

❼ 패따냄   **5 도**

5 도 흑 1 의 뻗음은 자만의 한 수이다.

흑 3 의 끊음이 크다. 이하 23 까지 해결이 된다.

강타 수단의 성공이다. 좌상의 전체의 백이 엷어 전도의 흑 1, 3 이 성공이다.

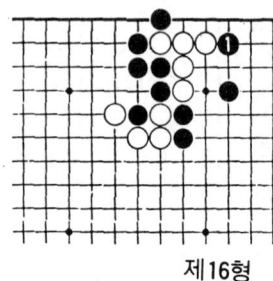

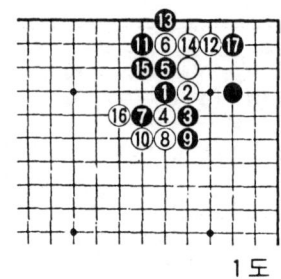

제16형   1 도

제16형 흑 1 의 붙임으로 공격이다. 실전에서 나타나는 모양이다. 패의 수순을 알고 있는 의미가 있다.

1 도 흑 1 로 어깨를 짚어서 두는 방법이다. 백 2 이하가 최강의 응수이다.

흑17로 붙이기 전에 팻감을 만드는 공부가 필요하다.

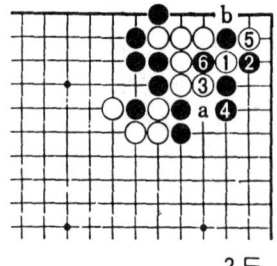

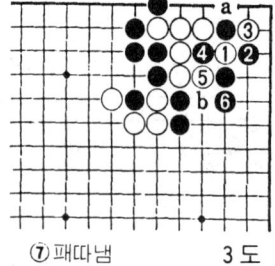

2 도   ⑦패따냄   3 도

2 도 단순히 붙여오면 백도 부담이 없다. 이것은 흑의 맛이 나쁘다. 백 1 , 3 으로 패인에 3 을 먼저 두어도 같다.

백 5 의 끊음에 흑 6 의 때림, 이부분에 관해 백의 팻감은 a , 흑도 b의 곳이 있다.

3 도 백 1 에서 3 의 끊음이 정수이다. 흑 4 에는 5 의 단수, 다음 6 으로 끌면, 흑 a의 곳 팻감은 백도 b의 곳이 있어 이 부분에선 백승이다.

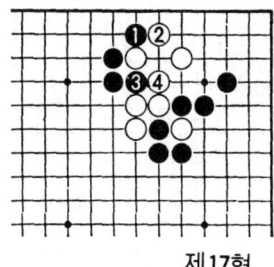

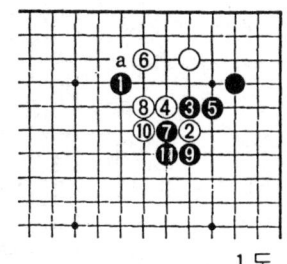

제17형   1 도

제17형 흑 1 의 젖힘에 백 2 의 막음, 흑 3 의   단수에
백은 4 로 패를 받는다. 패는 한 수로 해결이 나지 않는다.

1 도 흑의 2 칸 높은 협공에 백 2 의 뜀이다. 흑 3 으로
붙여서 5 로 끌면 이후 11까지이다. 흑 a 의 곳을 내려서
지 않으면 17 형이 되지 않는다.

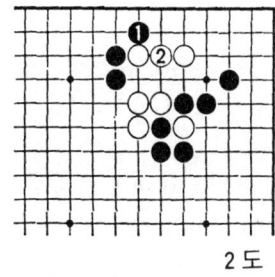

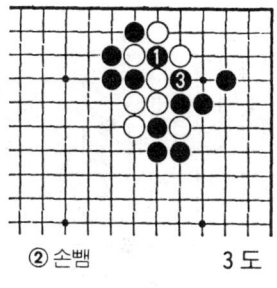

2 도   ② 손뺌   3 도

2 도 흑 1 의 젖힘에 2 로 끄는 것은 이익이 없다.   이
부분에서는 패로 당당히 맞서야 한다. 그 다음에 이에 대
한 댓가를 구하는 것이 마땅하다.

3 도 제17형에서 흑 1 이 보통이다. 백이 이에 대한 댓
가를 구하면 흑 3 으로 끊는다.

이것은 기합이다.

4 도 이것은 나의 실전이다. 백1에 흑2, 다음에 백a이면 흑b로 패가 예상된다. 여기서 백이 패를 다투지 않고 3으로 가볍게 나간다. 이것은 당연하다.

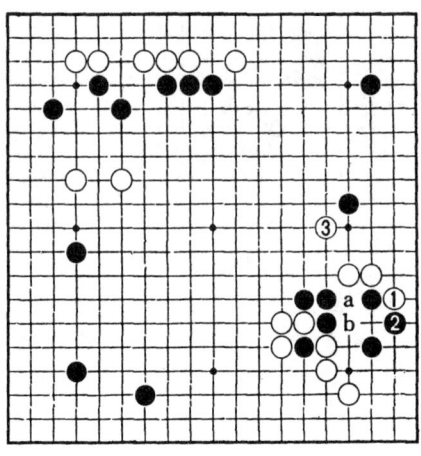

4 도

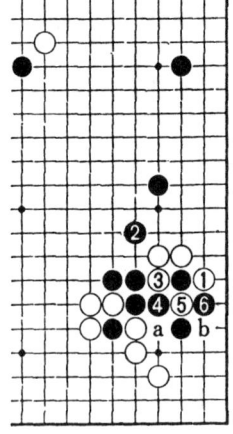

5 도

5 도 백1의 젖힘에 흑2의 씌움은 어떨까? 두터울까? 여기에서는 백에게 큰 수단이 없다. 백3, 5로 때린 다음에 흑6의 단수. 여기에서 백a나 b의 끊음은 무리이다. 흑a로 이으면 사는 모양이지만 중복이 되어 나쁘다.

4 도 흑2(제17형 백2)는 절대가 아니다. 이 모양에선 어려운 곳이다

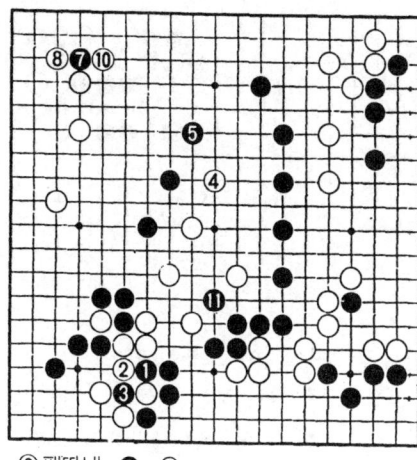

⑥패따냄 ❾〃⑫〃　　　　　　6 도

6 도 흑 1, 3 으로 패를 때려서 형세가 크게 요동을 하는 예이다.

흑 1, 3 은 백을 공격하는 패이다. 이하 흑 9 로 패를 때리면 10의 곳을 둔다는 것이 감상이다. 다음 흑 11이 필사의 공격이다. 계속하여—.

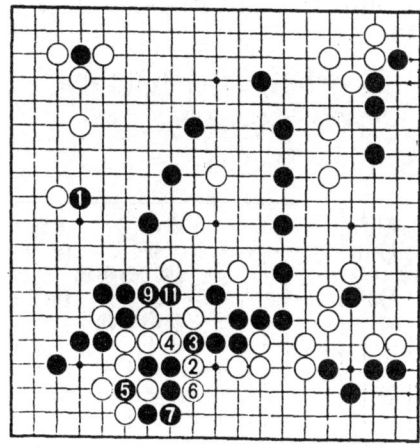

⑧패따냄 ⑩패이음　　　　　7 도

7 도 흑 1 의 패씀에 백 2 의 결정이다. 여기에서 백 8, 흑 9, 11로 되어선 중앙의 백이 잡혀 고전이다.

제18형 대사
정석의 하나이
다. 난해하다고
정평이 나 있는
이 정석을 잠시
살펴보자.

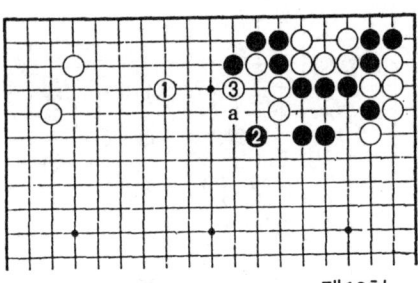

제18형

백 1은 정석이지만 a로 두는 것이 보통이다.

흑 2의 씌움에 백 3으로 나가는 것은 무리한 기미가
있다. 패가 정석인가? 여기에서 생각을 가다듬어 보자.

1도 대사정석을 다시 한번 복습하여 보기로 하자.

백 1의 붙임에 흑 2, 4의 부딪힘 다음 6까지 되어서
대사정석의 시작이다. 이후 11로 안쪽을 밀어서 변화가
인다.

2도 제18형은 흑 1로 때려내는 데에서 시작이다.

백 2에는 흑 3, 5가 난폭한 강수이다.

이 큰 패는 백이 먼저 두는 순서이다.

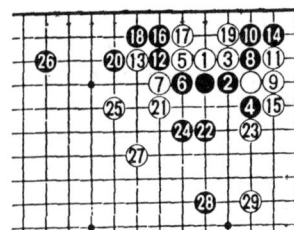

1 도

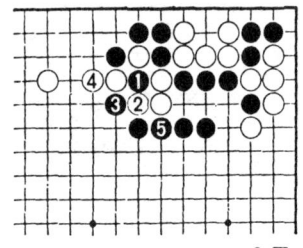

2 도

3도 백 1로
패를 때려 내면
흑은 2의 곳에
절대의 팻감이
있다.

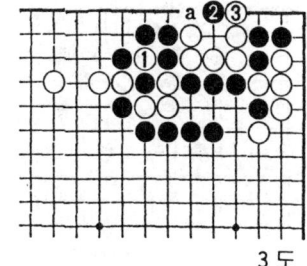

3도

백 3으로 응
수하면 흑은 패
를 다시 따낸다. 백에게는 팻감이 없다.

그렇기 때문에 여기에서 패는 백의 무리이다. 제18형
의 a로 움직여 나가는 것은 어떻게 되어도 필요가 없다.

3도의 흑 2, 백 3, 흑 a는 끝내기의 수단이 있어 흑은
손해없다.

4도 기회를 보아 흑 1로 젖힌다. 백 2에는 흑 3으로
패이다. 흑 a의 곳을 찔러서 본패이다.

이 부분에서 백이 패를 피하려면 백 4로—·

5도 1로 젖히는 수이다. 흑 2에는 3으로 두어서 양
패가 나는 모양이다.

a와 b의 곳이 맞보기이다.

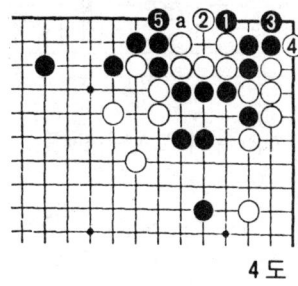

4도

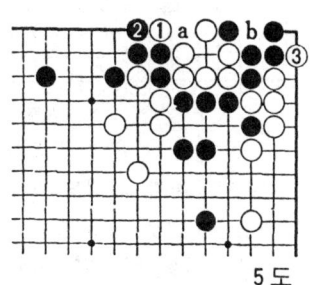

5도

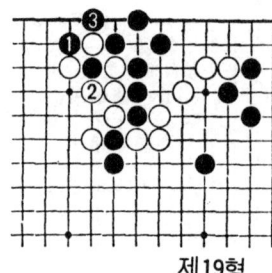

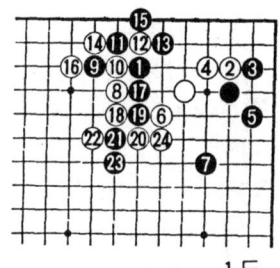

제19형

1 도

제19형 신형정석으로 패이다. 흑1의 비상수단에서 다음 3으로 단수를 한 모양인데‥‥‥‥‥ .

1도 흑1의 협공부터이다. 백2, 4로 붙여 늘으면 6의 마늘모에서 8의 씌움까지 기본정석이다.

백10, 12로 나가 끊는 것이 등택 9단이 둔 신수이다.

백16으로 축이 좋아 상당히 유력하다. 21, 23의 끊고 뻗음에서 백24의 이음. 다음에 19형의 1, 3으로 패로 저항을 하였다.

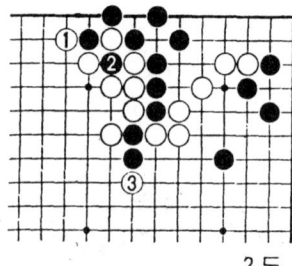

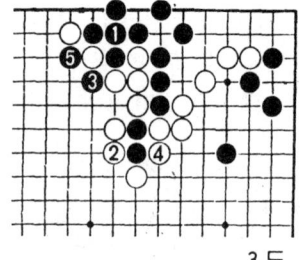

2 도

3 도

2도 백은 이음이 필요없다. 강하게 1로 단수한다.

흑2로 패를 때리면 백3으로 코붙임을 한다.

3도 흑1로 패를 잇는 한 수이다. 백은 2로 축몰이를 하고 다음 백4로 때려서 거북이 껍질처럼 단단하다.

4 도 이것은 백과 혹이 바뀌었지만 나의 실전이다. 혹은 등택 9 단이다.

혹 1 의 패씀에는 2 가 옳은 방향이다.

(2 도 참조)

백에서 4 의 곳에 패를 쓰면 패는 백승이다.

혹 9 의 이음

⑧ 패따냄   ⑩ 이음   4 도

에는 백 10 으로 패를 잇는다. 1 도의 21까지 ──.

5 도 1 로 끊으면 백 2 의 이음이 단순한 공격이 아니다. 혹 11 의 젖힘까지 ─ .

6 도 백 1은 사석의 끊음이다. 백이 따내는 순서는 혹이 한정이 되기 때문에 의심의 여지가 없다.

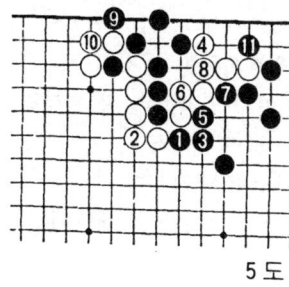

5 도

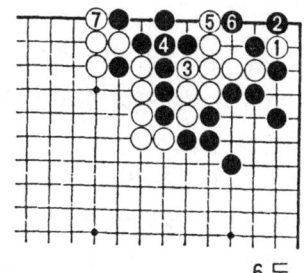

6 도

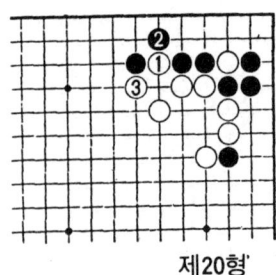

제20형

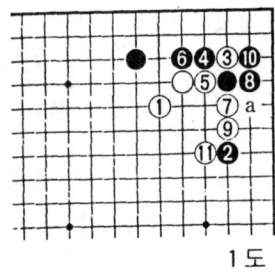

1 도

제20형 백 1 의 젖혀 끼움, 여기서 3 의 패가 맥이다. 흑이 받는 방법이 어렵다.

1 도 흑의 한칸 협공에서 백이 마늘모를 받은 정석이다. 백 9 는 수맥.

백 9 는 — .

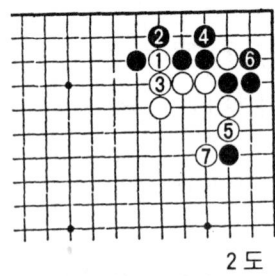

2 도

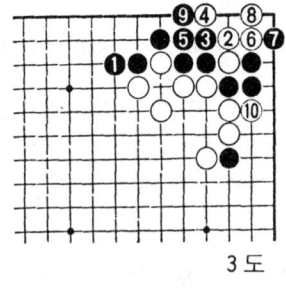

3 도

2 도 1 의 곳 젖혀 끼움에는 흑 4 까지의 교환이다.

백 5 의 부딪힘까지 정석이다. 여기서 제20형과 삭감의 차이가 있다.

3 도 흑 1 로 뻗으면 백 2 로 간단히 내려선다.

흑 3 에는 순서에 따라 10까지 — . 이것은 본 패이다. 백에서는 꽃놀이패가 아닐 수 없다.

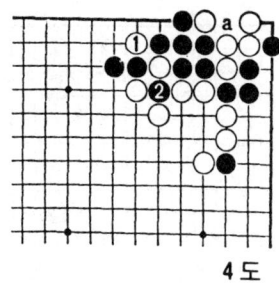

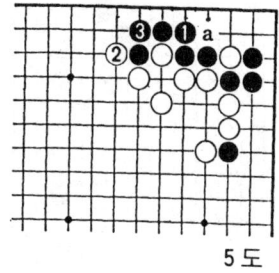

4 도   5 도

4 도 1의 곳을 끊으면 양패로 실패를 한다. 흑 2 와 a
의 곳이 맞보기이다.

5 도 백에 팻감이 많다면 흑 1 로 a의 받음이 있다.
백 2 를 선수하면 흑 3 으로 받는다.

흑은 반발을 하지 않는다.

6 도 백 1, 3
의 패의 반발이
제26형의 위력
을 발휘한다.

우하가 양패
임을 유의하여
야 한다. 흑은
4, 6 으로 두지
않으면 안된다.
중앙의 흑돌이
들떠 있다.

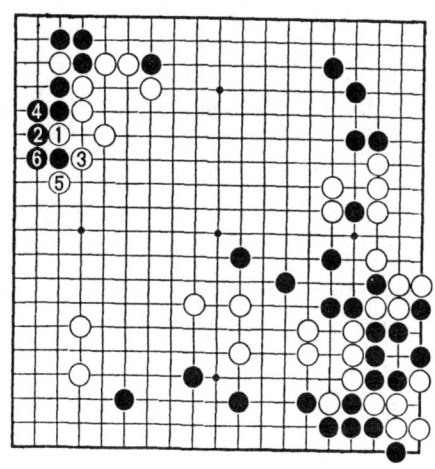

6 도

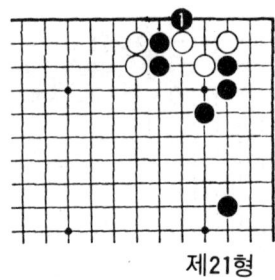

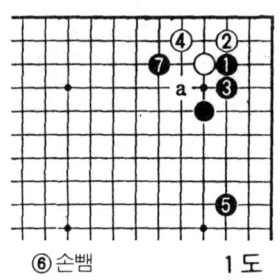

제21형

⑥ 손뺌   1 도

제21형 흑 1 의 젖힘으로 백이 한 눈에 고전임을 본다.

1 도 고목, 흑 1 의 안쪽 붙임 정석이다. 흑 5 까지 되어 기본정석이다. 백이 손을 빼면 흑 7 이 급소이다.

여기에서는 a 로 나가는 것이 보통이다.

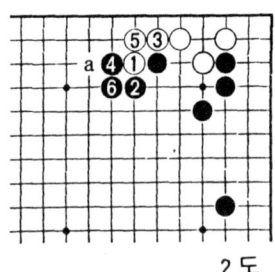

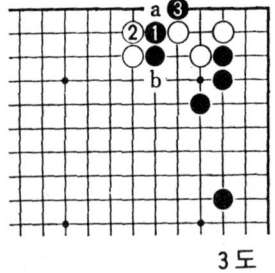

2 도   3 도

2 도 중앙을 나가지 않는다면 백 1 의 붙임이 유력하다. 흑 2 에는 백 3 으로 응수를 한다. 저위에서의 안형의 불안을 선수로 해소한다. 이 도에서는 백 3 으로 5 의 곳을 내려서 변화를 구하였다. 계속하여 흑 6, 백 a 로 나갈 가능성이 있다.

3 도 흑 1 로 강하게 나가면 백 2 의 내려섬은 한 수이다. 흑의 건너감을 방지하는 흑 3 의 젖힘이 한 수이다.

3 으로 a 의 곳을 내려섬은 b 의 젖힘이 통렬하다.

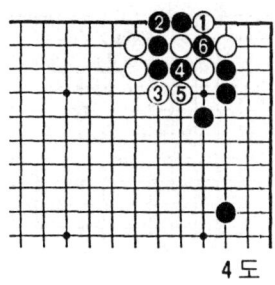

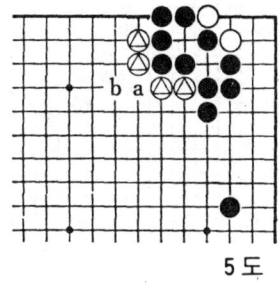

4 도

5 도

　4도 백 1의 단수에는 흑 2, 백 3으로 젖히면 흑 4, 6
은 필연이다. 백은 2수를 계속 두어서 이에 대한 댓가를
찾아야 한다.

　5도 백이 패에 진 모양이다. 흑의 전과가 작지 않다.

　흑 a의 끊음에는 백 b로 백 △를 사석으로 이용하는 것
이 좋다.

　6도 포석단
계에서 잘 나타
나는 모양이다.

　백 2, 4로 계
속 두어서 좋다.
흑 3으로 2의
곳 받음은 역시
천하패에 가까
운 양상이다.

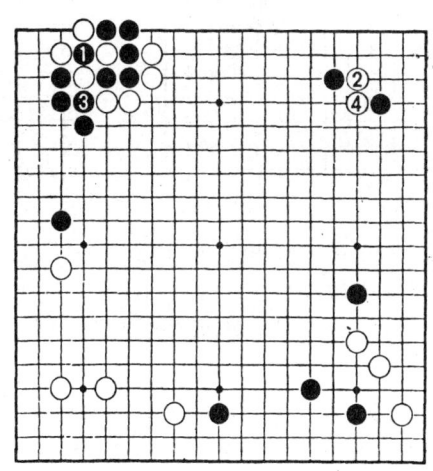

6 도

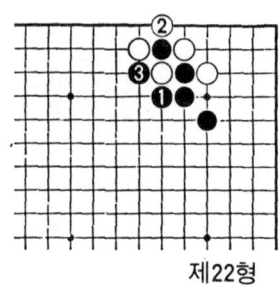

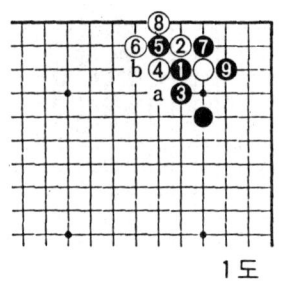

제22형

1 도

제22형 흑 1 의 단수가 유력한 수단이다.

백 2 의 때림은 한 수. 흑 3 의 단수에 백의 응수는?

1 도 고목의 바깥 붙임이 정석이다. 흑 5 의 바깥쪽 끊음에서 백 6, 여기서 7, 9 로 끊어 잡아서 제22형이다.

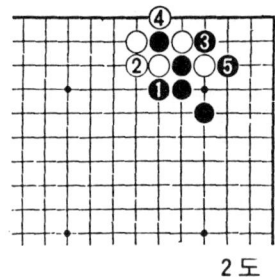

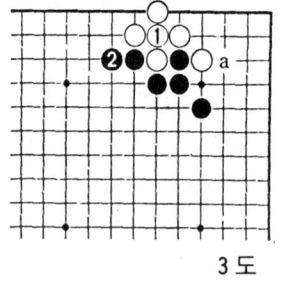

2 도

3 도

2 도 흑 1 의 단수에 1 도 다음에 흑 a 는 b 로 이어야할 의미가 없다.

제22형의 백 2 의 때림은 한 수. 흑 3 의 단수로 문제이다.

3 도 백 1 의 이음은 기합이 없다. 이래가지고서는 이길 수가 없다. 흑 2 로 뻗으면 a 의 곳에 붙이는 수가 남는다.

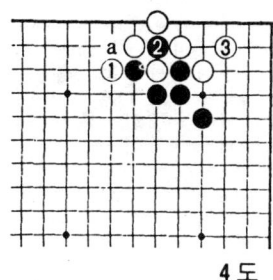

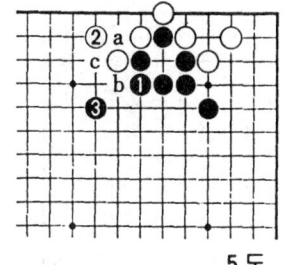

4 도   **5 도**

4도 백은 1의곳을 단수하여 반발하지 않을 수 없다. 흑2로 잡으면 3으로 귀쪽을 보강한다.

흑a로 끊어서 패를 계속하는 것은 무리이다.

5도 이런 모양에서 흑1의 이음은 a의 끊음을 내다보는 모양이다. 앞으로 나가기전에 2의 지킴이 좋아 흑3까지 호각의 갈림이다. 흑1로 b의 곳 젖힘은 백c로 되어서 나쁘다.

6도 나의 실전이다. 고목에서 나타난 모양이다. 원리는 같다. 백2의 단수 다음에 패를 때리지 않고 3을 이으면 백4, 흑5로 된다.

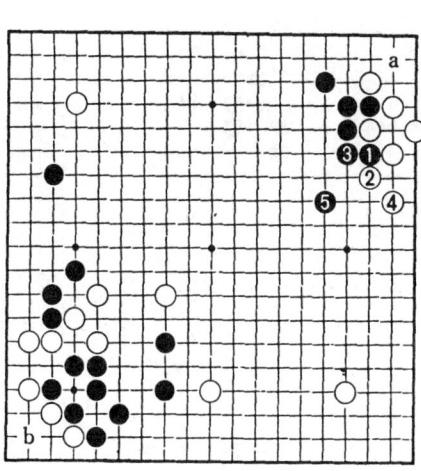

6 도

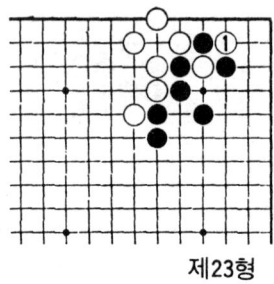
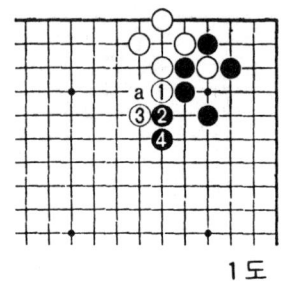

제23형   1 도

제23형 백 1 의 끊음, 여기에는 어떤 의미가 있을까?
이것은 끝내기의 수단으로 위력이 있다.

1 도 전형의 나타남은 고목의 바깥 붙임의 정석이다.

백 1 로 누르는 것은 급소가 아니다. 흑이라면 a 의 곳
을 둔다. 흑 4 까지 백이 유력하게 사는 모양이다. 여기에
서 제23형의 백 1 이다.

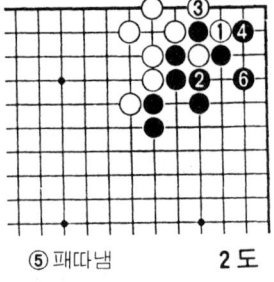
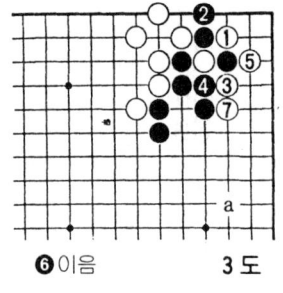

⑤ 패따냄   2 도   ❻이음   3 도

2 도 백 1 에 흑이 2 로 때려내면 백 3 의 건너가는 수
가 크다. 흑 4 의 단수에는 백 5 흑 6 을 강요한다.

3 도 흑이 2 의곳을 내려서면 3 으로 반발을 하는 수
가 예리하다. 흑 4 에는 백 5, 7 로 간단하다.

a 의 방면에 백이 있다면 즉시 착수한다.

4도 이 모양에서 백 1의 끊음은 실전례이다. 이 기보는 일본기원의 선수권전이다.

백 1이 의표를 찌르는 좋은 수. 흑 2로 내려서려면 백 3, 5가 교묘하다.

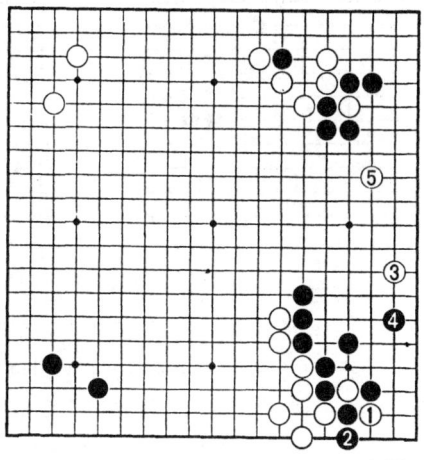

4 도

5도 흑 1로 때림은 백 2로 갈라친다.

흑 b로 다가서는 것은 가치가 적다. 여기에서 백△이 움직인다.

6도 흑 1로는 a의 곳 공격도 있다. 그러면 백 2, 4로 흑 5를 강요하고 6으로 즐겁게 사는 모양이다. 흑의 실패이다. 4도의 백 1에 흑의 받는 방법은 절대가 아니다.

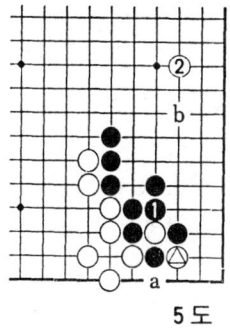

5 도

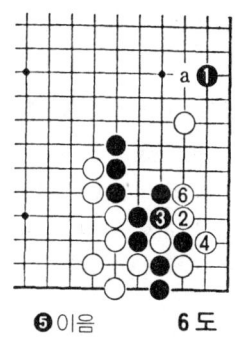

❺이음   **6 도**

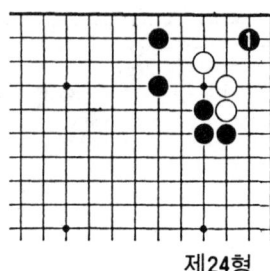

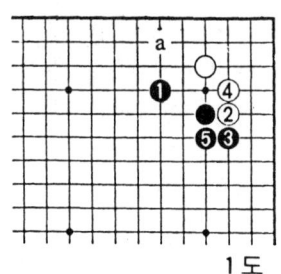

제24형   1 도

제24형 흑 1 로 두는 것이 프로라면 두통거리다. 이것은 연구과제이다. 초·중급에서 조금더 나아가 보자.

1 도 고목에서 흑 1 로 날일자 씌워서 나타난 정석이다. 흑 5 다음에 백이 a 로 달리면 무사하지만 손을 뺐다. 흑이 a의 곳을 두었는데 다시 백에서 손을 뺐다. 여기에 엄한 공격이 있다.

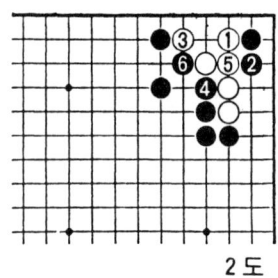

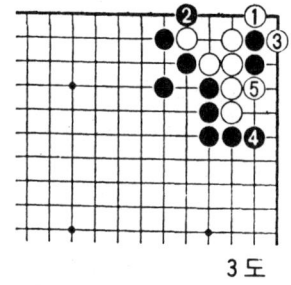

2 도   3 도

2 도 백 1 의 마늘모 붙임이 한 수이다. 흑 2 로 되어서 모양이 나쁘다.

백 3 의 코붙임에서 흑 4, 6 으로 맛좋은 결행을 한다.

3 도 백 1 로 귀를 젖히면 흑 2, 4 로 양쪽을 둔다.

백이 아주 나쁘다.

4도 흑1, 3
으로는 그냥은
살지 못한다. 그
래서 부득불 삶
을 도모하였는
데 흑15까지 일
단락이 된 모양
이다.

백의 외세가
엷지만 귀는 수
단의 여지가 있
다.

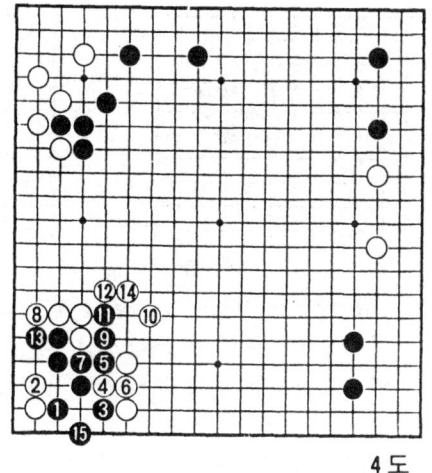

4 도

5도 백1의 내려섬, 흑2, 4는 필연이다.

늘어진 패가 형성된다. 프로의 실전례에서는 4도 보다
는 2도나 3도를 많이 둔다. 3도의 1로—·

6도 백1에서 3, 5의 젖힘이 득인가?

오히려 흑a로 끊어 잡아 흑이 견고하게 되므로 이것은
의문이다.

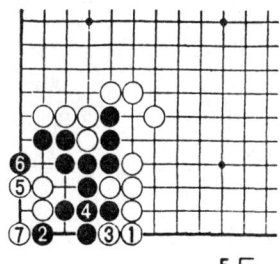

5 도

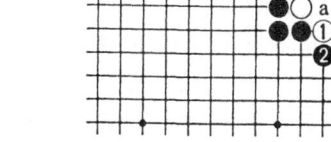

6 도

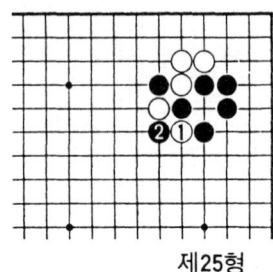

제25형

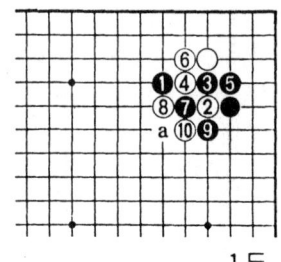

1 도

제25형 대사정석에서 나타난 패의 모양이다.

대사정석은 패의 보고(寶庫)이다.

백 1 의 단수에 흑 2 의 끊음이 난폭하지만 유력한 모양이다.

1 도 흑 1 의 대사씌움에 이하 8 로 끊어서 복잡한 변화를 피하고 있다.

백 10으로 단수할때 a의 곳을 끊으면 25형이 된다.

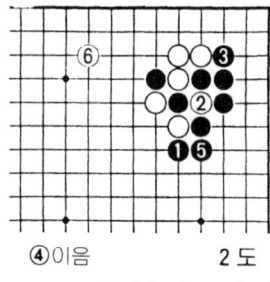

④이음   2 도

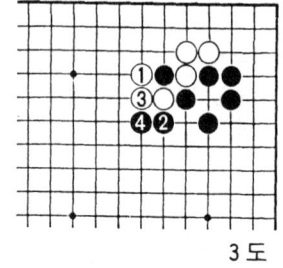

3 도

2 도 정석은 흑 1 의 반발에 백 2 의 패내림, 흑 3 의 내려섬에 백 4 의 이음, 이것은 6 까지 일단락이다. 참고로 말해둘 것은 제25형의 백 1 의 단수는 절대이다.

3 도 1 의 곳을 그냥 단수하는 것은 흑 2, 4 로 중앙이 막혀 불리하다.

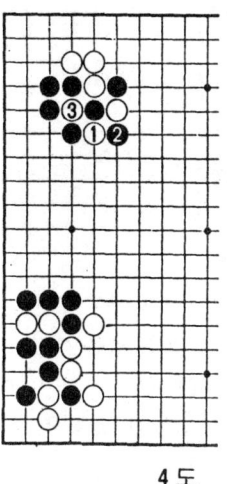

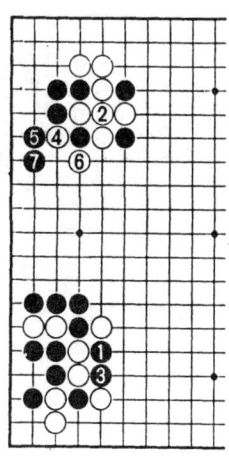

4도 백 1에 흑 2의 끊음은 절대 패가 없으면 두지 않는다. 이것은 제 2장에서 배운바 있다. 백 3의 패 때림에 흑의 팻감은…

4도

5도

5도 자, 흑 1 다음 백 2로 이은 모양이다.

흑 3으로 때리면 백 4로 끊어서 7까지 변화가 된 모양이다.

6도 전도에서는 흑이 유리하다. 흑 1의 패씀에 백이 2로 받으면 흑 3으로 되때린다. 2도의 정석에 비견할 수가 없는 모양이다.

제25형의 흑 2는 팻감에 주의를 요한다.

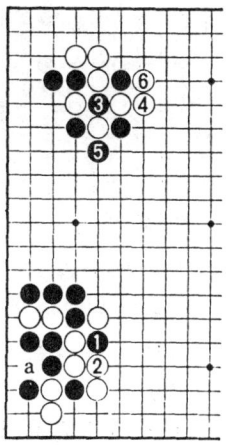

6도

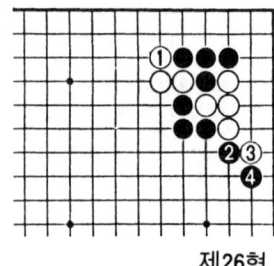

제26형

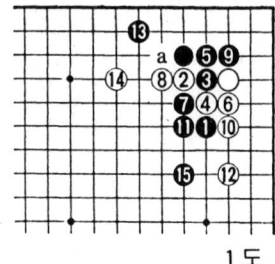

1 도

제26형 백 1 의 막음은 어떨까? 흑의 다음 수가 어렵
다. 흑 2, 4 에 대한 최선의 방법은?

1 도 대사의 기본정석이다.

백 12 의 한칸 뛰는 수로 a 의 곳을 막아서 제 26 형이다.

제 26 형의 흑 4 에 계속하여 — .

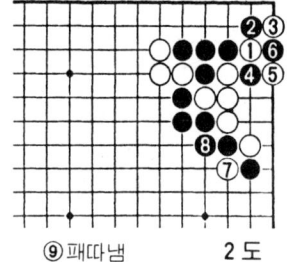

⑨ 패따냄   2 도

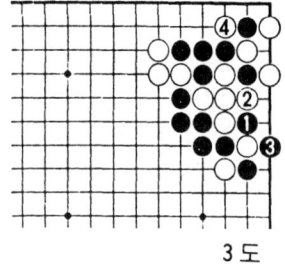

3 도

2 도 백은 1, 3 으로 귀쪽을 젖혀서 패를 유혹한다.

흑 4 의 단수에 백 5, 패를 다툼이 시작이다.

백이 7 의 곳을 단수하는 자만의 한 수가 있다.

백 9 로 패를 때리면 흑에게는 팻감이 있지 않다.

3 도 계속 흑 1, 3 으로 타협하면 백 4 까지이다.

제 26 형의 백 1 은 일응 성공한 듯 하나 — .

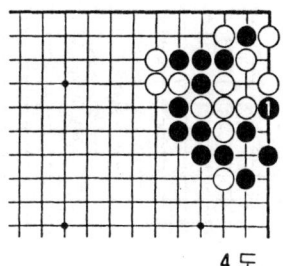

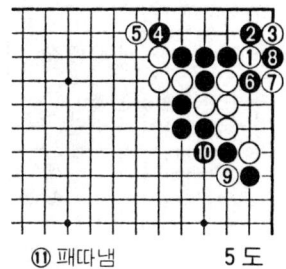

| 4 도 | ⑪ 패따냄 5 도 |

4도 흑1로 집어 넣어서 패가 되는 수단이 남는다.
팻감이 한정이 되어 있다면 무리이다.

5도 백1, 3의 젖힘에는 흑4의 젖힘이 효과적이다.
백5로 받으면 흑6의 끊음이 있다.
백11로 패를 때려서 2도와 같다.

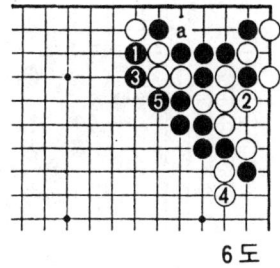

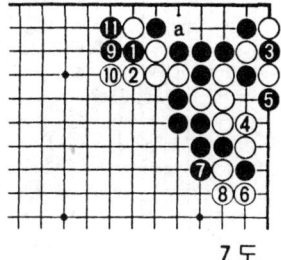

| 6 도 | 7 도 |

6도 젖힘의 의미는 팻감을 만드는 수이다.

흑1의 끊음에 백2로 해소를 하면 흑3으로 단수하고
백4, 흑5로 때린다. 백4로 5의 곳을 잇는 것은 흑a
로 잇는다.

7도 흑1의 끊음에 백2의 저항은, 백은 패를 이길 수
가 없다. 백8까지 양보하면 흑9, 11로 흑이 유리하다.
백10으로 a는 흑10까지 되는 공격을 각오해야 한다.

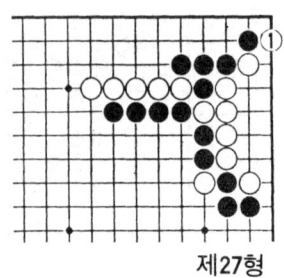 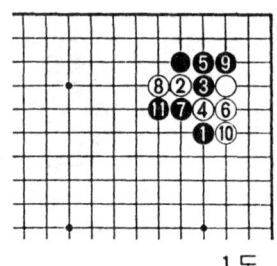

제27형   1 도

제27형 대사정석에서 가장 난해한 정석모양이다.

백 1 로 젖히는 것은 패를 다툼의 수이다.

이해득실을 따지기 어려운 수이다.

1 도 흑 1 에서 10까지 대사정석의 기본노선이다.

여기에서 흑11로 눌러서 가장 난해한 정석의 시작이다.

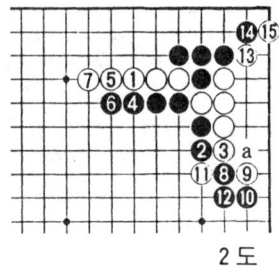 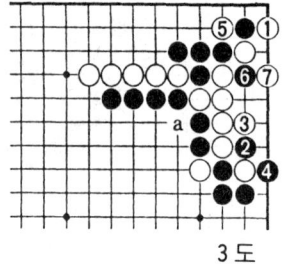

2 도   3 도

2 도 백 1 의 뻗음에서 13, 15의 젖힘까지가 제27 형이다. 백 3 이 무겁다. 축이 좋다면 a의 곳을 달린다.

흑 8 , 10으로 내려선다. a로 잇지 않고 11을 두는 것에 주의한다.

3 도 백 1 의 젖힘에 흑 2 의 끊음이 외길이다.

흑 4 로 때리면 백 5 로 끊는다. 흑 6 에는 7 의 곳을 응수하여 흑이 때리는 순서이다. 3 도의 흑 4 에는— ·

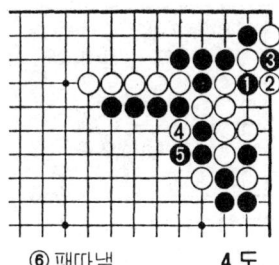

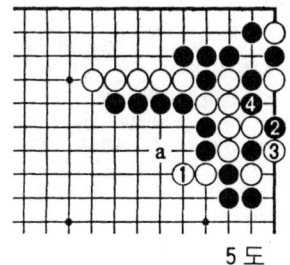

⑥ 패따냄　　　　　**4 도**　　　　　　　　　　**5 도**

4 도 1 의곳을 끊지 않을 수 없다. 백이 2 로 받으면 4 의 곳을 끊어 팻감을 만든다.

백 4 의 패쏨이 손해가 아닌가 하고 생각하는 것은 생각이 다르다.

5 도 직접 1 로 일어서는 것은 흑 2, 4 가 멋진 수로 흑 2 는 귀수(鬼手)이다. 백이 따내면 흑이 되따내고 다시 백이 되따내면 흑 a 로 전멸이다.

4 도에 계속하여 — ·

6 도 흑이 팻감이 없다면 1 의 곳이 달림이다.

여기에서 백 2 로 끊으면 흑 3, 다음에 백은 팻감이 풍부하여 흑 7 의 내려섬까지 — ·

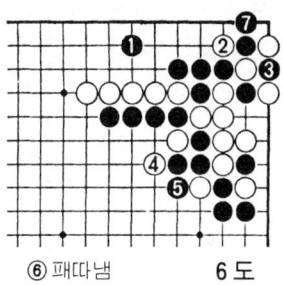

⑥ 패따냄　　　　　**6 도**

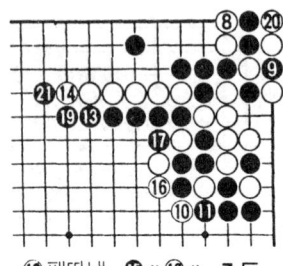

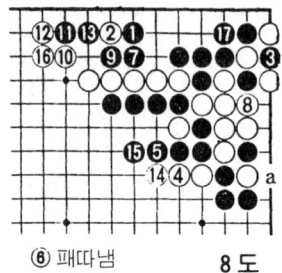

⑫패따냄 ⑮ ″ ⑱ ″　7 도

⑥ 패따냄　　　8 도

7 도 백 8 로 조이면 흑 9, 백10, 16으로 두는 것은 손해패가 아니다. 여기에서 가령, 흑19, 21 팻감 대신으로 둔다.

8 도 흑 1 의 달림에 백이 2 로 막으면 흑 7 에, 백 8 로 해소의 타협이다. 이하 17까지 — ·

장차 a의 곳을 잡아 흑이 십분 좋다.

9 도 흑백이 바뀌었지만 유명한 바둑이다.

서로의 공방은 외길이지만 55까지 된 싯점에서 백이 유리하다.

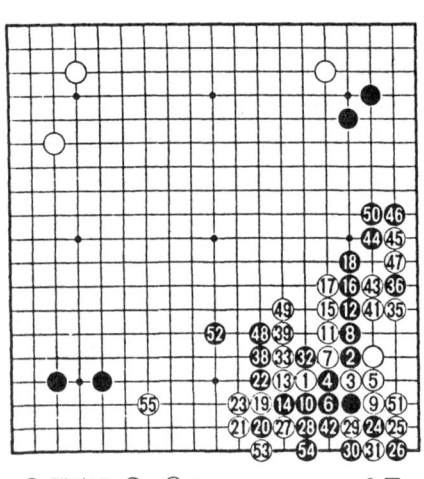

㉞ 패따냄 ㊲ ″ ㊵ ″　　9 도

제 4 장

패에서 찬스를

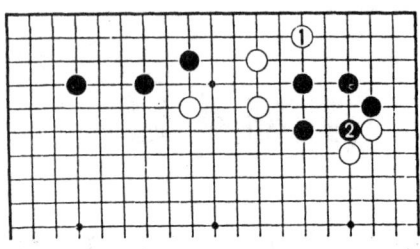

제 1 형

제 1 형 앞장에서는 초반 정석에 나타난 패를 학습해 보
았다. 이 장에서는 중반에서 볼 수 있는 패를 보고자 한
다.

백 1 의 달림은 4 점이나 5 점의 접바둑에서 나타나는
모양이다. 여기에서 흑 2 의 치받음이 두터움의 좋은 수
이다. 흑 모양이 정비되는 한 수이다.

1 도 흑▲에 대하여 백이 두는 수가 어렵다.

1 의 단수에 흑 2 의 이음, 다음에 백 3 으로 이으면 흑
4 의 끊음 다음에 5 의 단수와 6 의 이음은 이런 정도의
곳이다.

2 도 백 1 의 단수에 흑은 2 의 곳 패로 받는다.

백 3 에는 흑 4, 이다음에 백 a 로 끊어서 패이다.

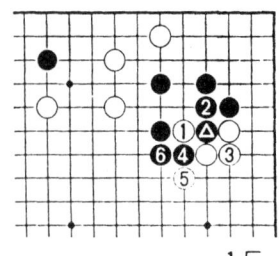

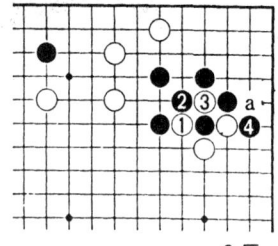

1 도   2 도

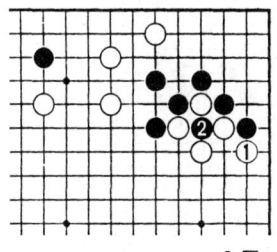 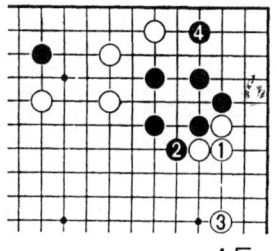

3 도   4 도

3도 백 1로 막는 것은 악수이다. 흑 2로 때리고 나면 잇지 않을 수가 없다.

4도 이상의 단수로 두지 않는다면 백은 1의 이음이 있다. 여기에서 흑 2는 백 3, 그러면 흑은 4의 곳을 지켜서 십분 좋다. 백 3으로— ·

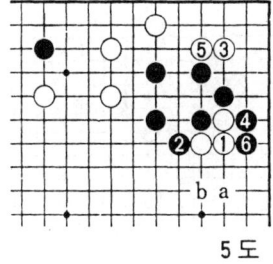 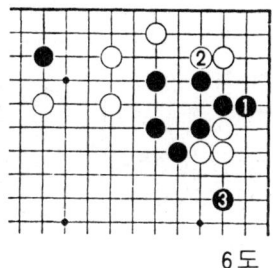

5 도   6 도

5도 3·3에 침입하는 것은 흑 4의 젖힘으로 6까지 즉, 백 5로 건너가면 흑 6으로 밀어둔다.

백 3점은 움직이지 않는다. 이 다음 백a에서 흑b, 백b에는 흑a가 맥이다. 흑 4에는— ·

6도 1로 내리는 것은 백 2, 그러면 흑 3이 급소의 일격이다.

제 1형의 흑 2, 2도의 흑 2를 잊지 말아야 한다.

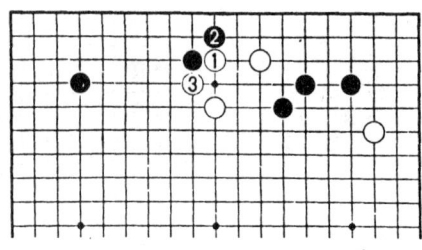

제 2 형

제2형 4, 5점에서 상수가 쓰는 수를 공부하여 보자. 백1의 붙임, 흑2에 백3의 한 예이다. 패를 포함하는 수이다.

　1도 백1의 걸침에 흑2의 협공, 백3의 밭전자가 냉정하다.

　백5의 붙임에 흑6의 젖힘, 여기에서 백a로 막으면 흑 b의 단수, 백c의 패받음, 흑d의 패를 때림 ──. 제2형의 백3의 젖힘으로 같다.

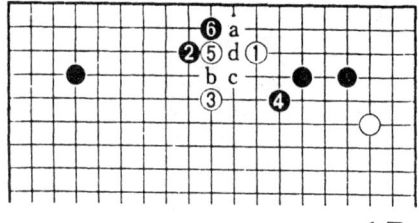

1 도

　2도 흑1로 끄는 것이 악수이다.

　이것은 백에 굴복이 된 모양이다. 백2로 되어서 십분 좋다.

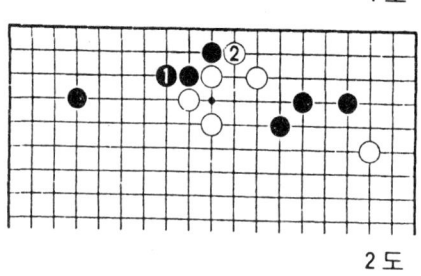

2 도

3 도 흑 1의 단수의 한 수이다. 백 2의 이음에는 흑 3 으로 나간다. 백 4, 6 으로 때려냄에서 선수로 되어 득이다.

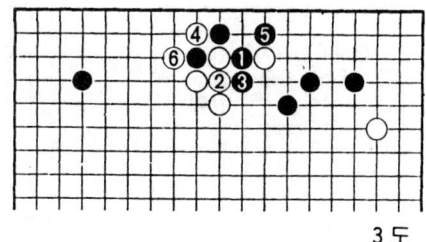

3 도

4 도 백 2의 마늘모 받음에서 흑 3의 때림, 흑a로 끊으면 백이 패를 땀, 흑b로 두어서 백은 크게 약하다.

4 도

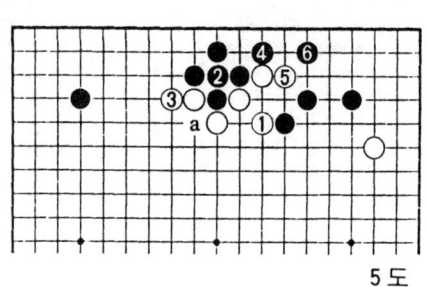

5 도

5 도 백 1로 단점을 보강한다. 흑 2로 이어서 탄력이 있다. 흑a의 끊음에서 3의 뻗음, 흑 4 다음에 6 으로 건너가 좋다.

백은 엷은 모양이다.

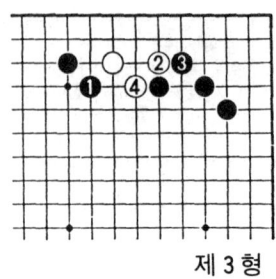

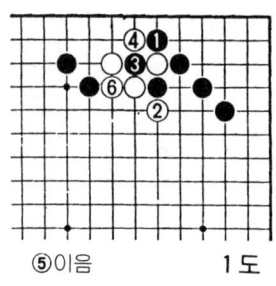

제 3 형   ⑤이음   1 도

제 3 형 백의 침입에 흑 1 은 마늘모로 공격하였다. 호선에 나타나는 모양이다.

백 2, 4 는 가벼운 패의 의미가 있다.

1 도 흑에게는 그곳의 응수가 있다. 하나는 흑 1 의 곳이다. 백은 2. 4 의 단수가 맥점이다. 백 6 으로 이어서 흑 2 점에 악영향을 끼친다. 흑 5 로— ·

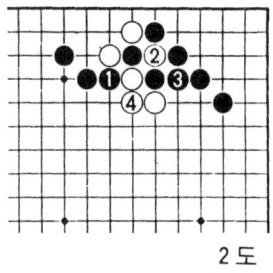

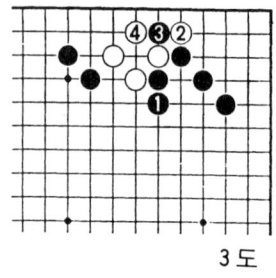

2 도   3 도

2 도 1 의 곳을 끊어서는 큰패이다. 흑의 부담이 크다. 팻감은 절대 유리하다. 백은 최악의 모양이다.

4 로 패를 이으면 산다.

3 도 1 로 뻗는 방법이 냉정하다.

여기에서 백 2 로 젖히면 흑 3 으로 끊는다. 이면에 팻감이 필요하다.

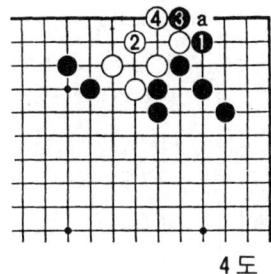

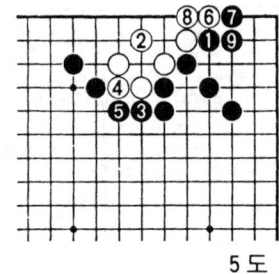

4 도   5 도

4 도 전도의 흑 3 으로는 1 의 곳 막음도 무난하다.

백 2 는 탄력이 있는 모양인데 그러면 흑 3 의 단수이다.

백 4 로 패를 다투면 나중에 a 의 곳을 때리는 여유가 있다.

5 도 흑 1 에서 3 으로 사는 것이 나쁘지 않다.

백은 선수로 살고 흑은 철벽을 쌓는다. 불만이 없다.

이것이 2 도와 3 도의 차이다.

6 도 나의 실전이다. 흑 4, 6 에 백 5, 7 로 패를 때린 모양이다. 한 판의 바둑을 좌우하는 큰 패이다.

한 수로 해소할 수 없는 것이 패이다. 손해 패를 두는 것에 주의하여야 한다.

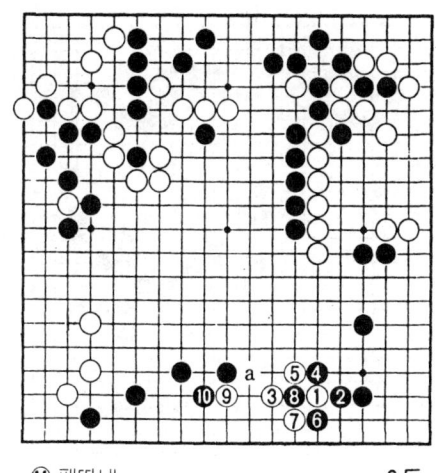

⑪ 패따냄

6 도

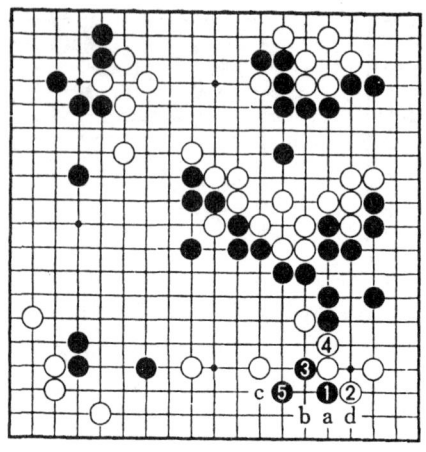

제3형의 백
1, 3의 맥은
실전에서 자주
나타남을 본다.

7도 흑1로
단독으로 붙임
에 백2, 흑3
의 젖힘으로 간
단하다. 백4에
는 흑5로 호구
를 친다. 백a에
서 흑b, 백c
에서 흑d 이다.

7도

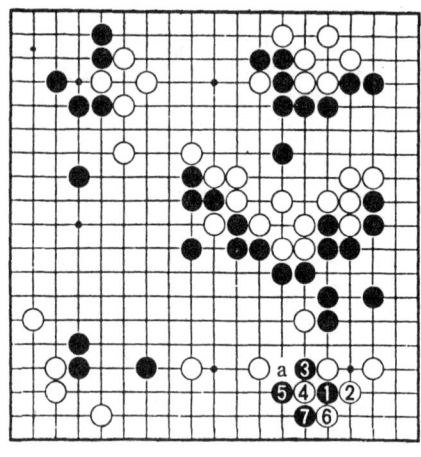

8도 백4의
끊음에는 흑5,
7로 두는 것이
요령이다.

백이 패를 이
음, 흑a로 대전
과(大戰果)이다.

8도

제 4 형 백⊘
로 지킨 모양에
서 흑1이유력한
수이다. 백2의
마늘모는 한 수
이다. 흑3은 승
부수이다. 비상

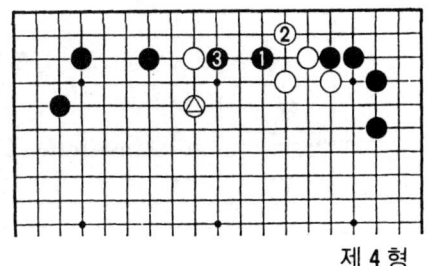

제 4 형

수단은 패가 아닐 수 없다.

1도 백1에는 흑2의 호구침, 백3에는 흑4, 6의 패
로 패이다.

백3으로 5의 곳 단수는 흑6으로 변화된다.

백의 팻감이 불리하면 — .

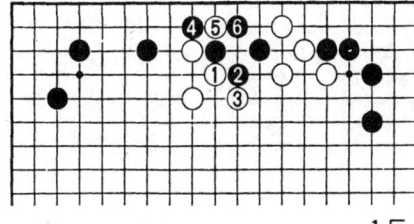

1 도

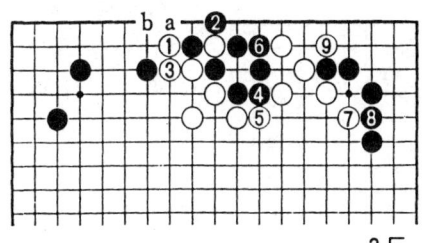

2 도

2도 1로 바
깥을 단수하여
양보를 한다. 흑
4, 6은 삶의
모양이다. 이에
백7, 9의 지킴
이다.

백은 a 나 b
의 곳 이익이
남는다. 이곳에
수의 여지가 있
다.

116

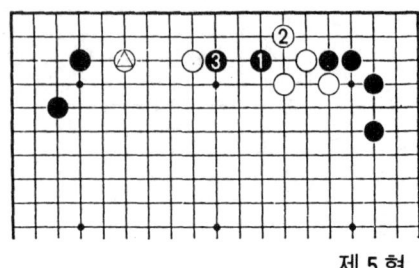

제 5 형

제 5 형 백⊘로 벌려있는 모양이다. 혹 1, 3 의 비상수
단이 있는 것에 주의하여야 한다.

1 도 계속하여 백 1 에 혹 2 는 백 3 에 혹 4 로 받아서
패이다. 1, 3 의 수순을 바꾸어도 같다.

이 다음 a의 곳을 따낸다. 계속하여——.

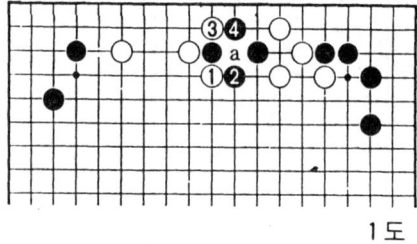

1 도

2 도 백이 패
를 때리지 않고
1 의 곳을 젖히
면 2 다음에 a 의
끊음으로 패이
다.

백 5 로 패를
해소하여 두터
움과 실리가 있
다.

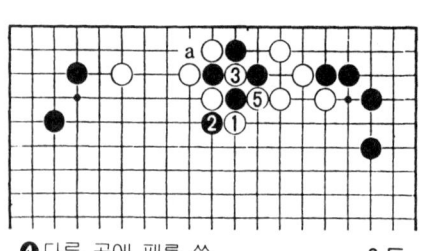

❹ 다른 곳에 패를 씀.　　　　2 도

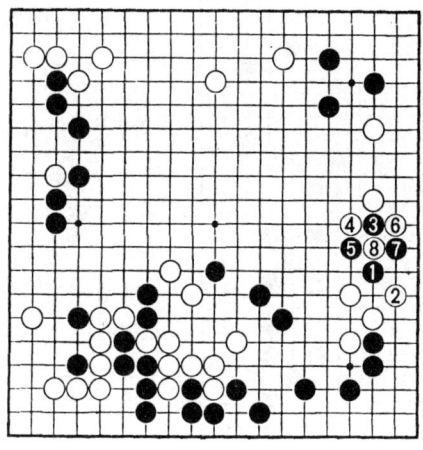

3 도

실전례를 살
펴보자.

3 도 흑 1 , 3
은 하변 백에 대
한 공격으로 패
로 받아 승부수
이다.

흑 7 까지 패
이다.

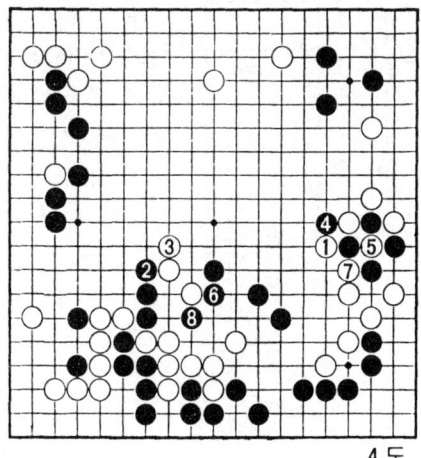

4 도

4 도 백 1 의
패를 해소시키
는 맥점이다. 결
국 6 , 8 로 바
꿔치기인데 여
기에서 백은 불
만이 없다.

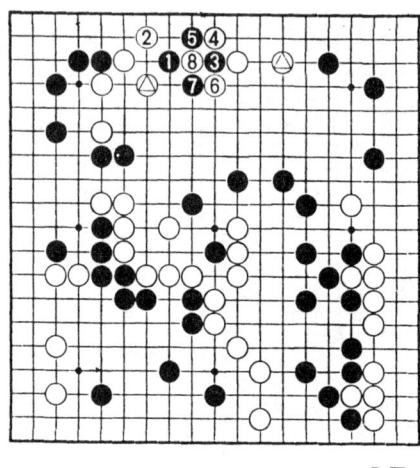

5 도

5 도 이것도 패의 성공도이다.

백△의 한칸 벌린 모양에서 흑 1, 3은 유효하다.

백 8 까지 된 모양에서 흑의 팻감은?

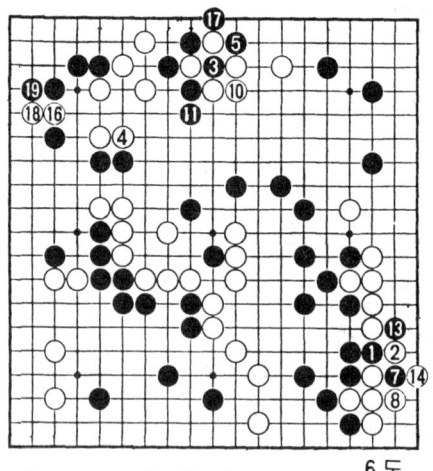

⑧ 패따냄　❾ 〃 ⑫ 〃 ⓯ 〃

6 도

6 도 흑 1 의 내려섬. 백 4 로는 11로 젖혀 패는 유혹하는 것도 있다.

백 10에 흑11 이 팻감을 자만한 흑의 강경책이다.

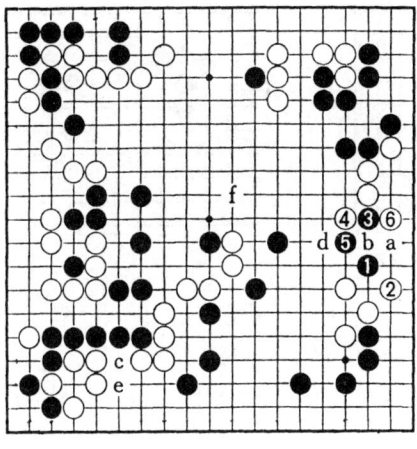

7 도 나의 실
전에서 특수한
예를 채집하였
다. 흑 1, 3 의
패를 유혹함에
는 백 4, 6으로
응한다. 이다음
흑a가 예상되는
데 백b, 흑c,백
d, 흑e, 백f로
될 자리이다.

7 도

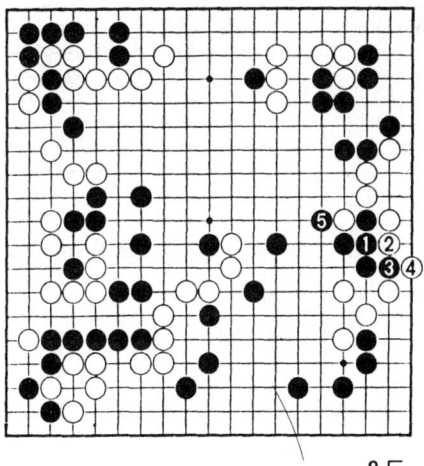

8 도 흑 1의
이음에는 백 2,
4 로 건너간다.
그러나 2 집을
낼 수가 없다.

7 도의 흑 1,
3 을 경계하지
않으면 안된다.

8 도

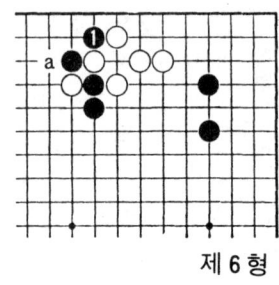

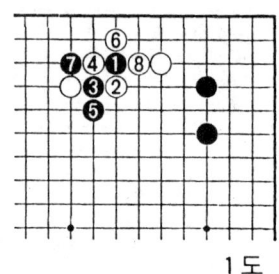

제 6 형 1 도

제 6 형 실전에서 나타나는 패이다.

백a의 반격을 각오하지 않으면 안된다.

1 도 이것도 팻감을 유효하는 수이다. 혹 1 에 침입을 하여 3 의 곳에 젖혀 끼우는 방법. 혹 5 의 뻗음이 절대 이다. 혹 7 까지 된 다음에 — ·

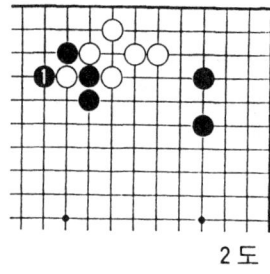

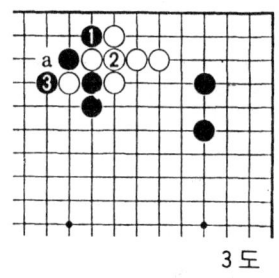

2 도 3 도

2 도 혹 1 축으로 몰아 무난하다. 축이 나쁘지 않다면 1 도의 혹 3 은 성공이 아닐 수 없다.

3 도 혹 1 이 기합의 한 수이다. 백도 2 의 이음이 상식적이다.

백 2 의 이음으로 a의 곳 단수도 있다. 이 패는 천하 패에 가깝다.

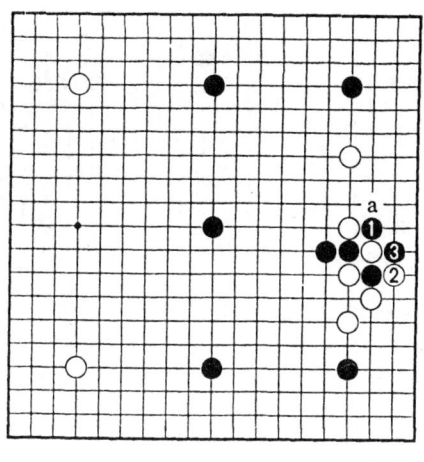

4 도

4 도 우변의
전후에서 흑 1,
3 으로 패가 나
는 모양이다. a
의 곳 늘음에 대
해서는 팻감이
없다.

여기에서 백
이 두는 방법은
─.

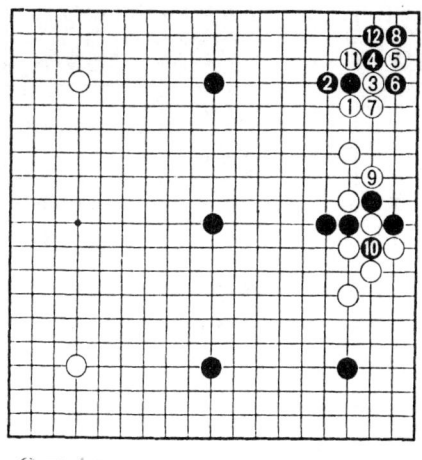

⑬ 패따냄

5 도

5 도 백 1의
붙임, 이렇게 팻
감을 만든다. 흑
8 까지 바꿔치
기, 이하 11이
절호의 패이다.

흑에 다음 팻
감이 없다.

122

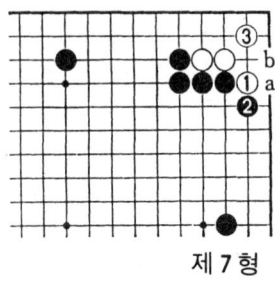
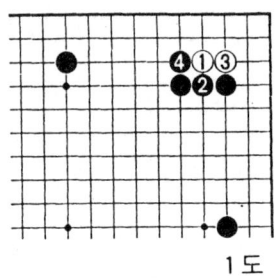

제 7 형   1 도

제 7 형 귀에서 수를 낸다면 백 1, 3 이다. 흑 a의 단수에는 백 b으로 받아서 패이다.

a의 단수에서 어려운 패이다.

1 도 흑의 한칸 굳힘에 대하여 백 1, 3으로 모양을 구한다. 흑 2, 4가 보통의 응수이다. 귀에서 삶이 나는 행마가 있다.

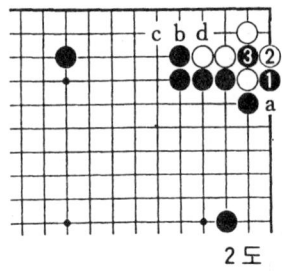
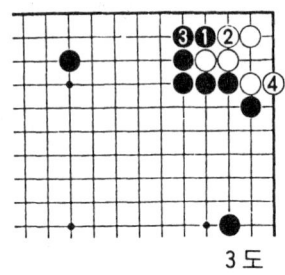

2 도   3 도

2 도 흑이 팻감이 유리하다면 흑 1, 3으로 패를 결행함이다. 흑 3으로 a의 이음, 백 b, 흑 c, 백 d로 사는 순서가 있다. 어떻게 두어야 할까?

3 도 흑이 팻감이 불리하다면 흑 1, 3으로 둔다.

여기에서는 백 4로 살아서 불만이 없다.

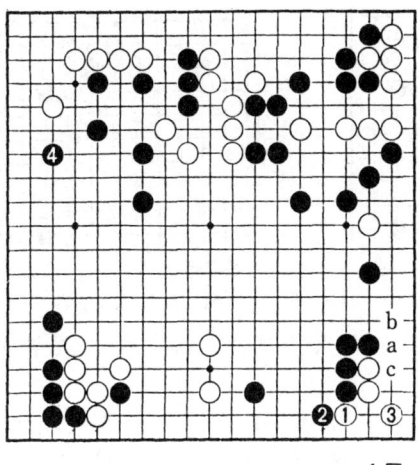

4 도

4 도 백 1, 3 이 팻감을 유발 하는 수이다. 좌 상 방면에 흑이 엷음을 유의하 라. 흑은 패를 행하기도 전에 **4**의 곳을 보강 한다. 백a, 흑b 백c로 삶을 허 락하지 않을 수 없다.

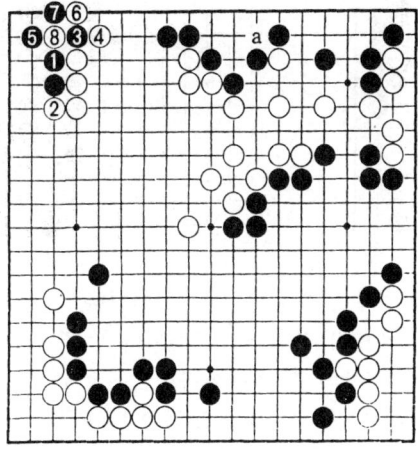

5 도

5 도 이것도 하나의 예이다.
흑 1 이하는 패를 내는 수이 다. 팻감은 a의 끊음등 많다. 패 를 이길 수 없다 면 흑 1, 3은 의 문수이다.

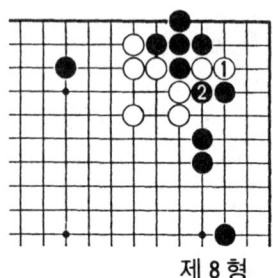

제 8 형

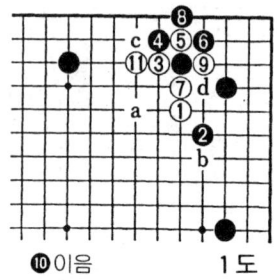

❿이음

1 도

제 8 형 백 1 로 뻗어나감에 대하여 흑 2 의 끊음. 귀에는 이번 수가 있을까? 백이 팻감이 없다면 결행하지 않는다.

1 도 날일자 굳힘에서 양날개로 벌려있는 모양이다. 백 1 이 삭감의 급소이다. 흑 2 로 받음에는 백 3 의 붙임이 중반전의 정석이다. 백 7 의 단수에서 9 의 단수까지이다. 백11 다음, 백a, 흑b, 백c에 손을 빼면 제 8 형이다.

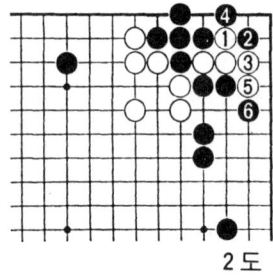

2 도

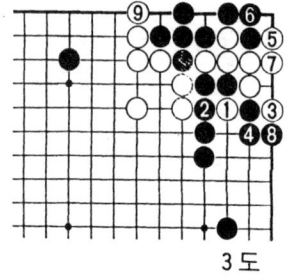

3 도

2 도 백 1 의 내려섬에는 흑 2 의 붙임이 맥이다. 여기에서 백 3 , 5 에는 흑 6 의 막음까지 외길이다.

3 도 이하, 백 1 에서부터 시작을 한다.

이 패는 흑이 먼저 따내는 패이다. 2 도의 백 1 로 단순히 3 의 곳 뻗음은 3 도와 같은 패가 아니다.

4도 백 1 의 마늘모가 흑의 저항 수단을 봉쇄하는 급소가 아닐 수 없다.

흑 2, 4 에서 백 5 로 두면 흑은 6 의 곳을 젖힌다.

흑 6 의 젖힘으로 한 수 늘어진 패이다.

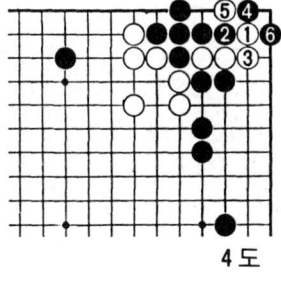

4 도

여기에서 다시 본제로 다시 되돌아가 본다.

1 도의 백 9 의 단수에서 10으로 이음 대신에 팻감이 있다면 11의 단수는 가능하다.

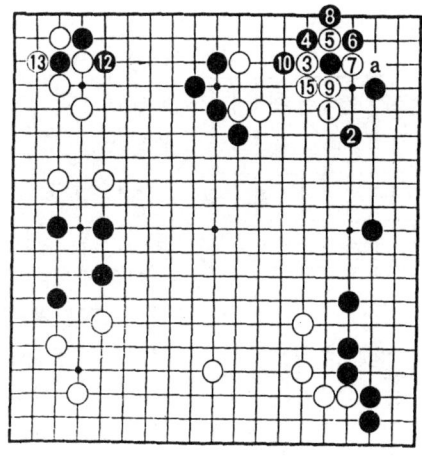

⑪ 패따냄 ⑭ ″

5 도

5 도 나의 실전이다. 백 1 이하의 씌움으로 결행하는 모양이다.

12가 절대의 팻감 하나, 패를 되따내면 백 15의 이음은 불가피하다. 일응 목적달성이다.

제 9 형 백1의
단수에 혹2의 때
림, 백3으로 막
을때 혹4의 건
너감 다음에 백
은 패를 때린다.

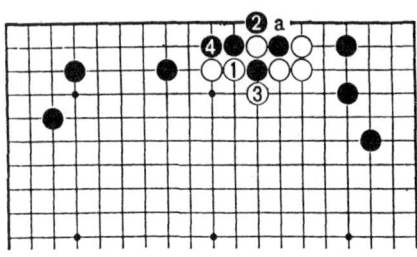

제 9 형

반대로 혹이 이겨서 잇는다면 백모양이 엷어서 엄한 공
격을 받는다.

1 도 혹 1 의 갈라침에서 백 2 에서 혹 5 까지 절대이다.
백 6 의 막음이 대죽(大竹) 9 단이 둔 신수이다. a의 3·
3 침입과 8 의 곳은 맞보기이다.

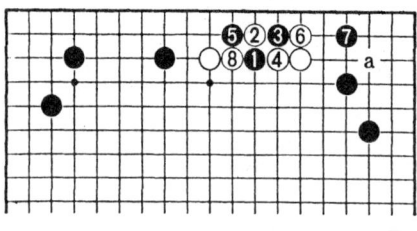

1 도

8 의 단수로
제 9 형이다. 혹
7 로—·

2 도 1 의 이
음도 유력하다.
백 2 에 들어
가, 혹 5 에서
11까지 다음 a에
집어넣는 것도
제 9 형과 같은
패인가?

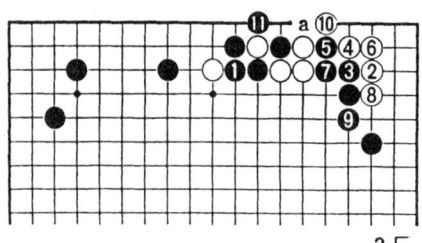

2 도

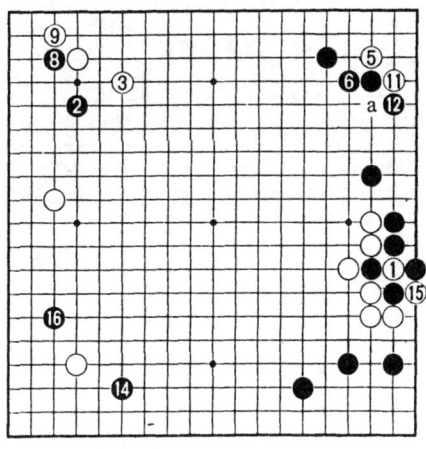

④ 패따냄 ⑦ 〃 ⑩ 〃 ⑬ 〃

3 도

3 도 백 1 로 취하고 보면 서로의 팻감이 문제이다.

백15로 때려내어서 실전례이다.

5 와 11은 손해 패이다. a의 침입이 없어진다.

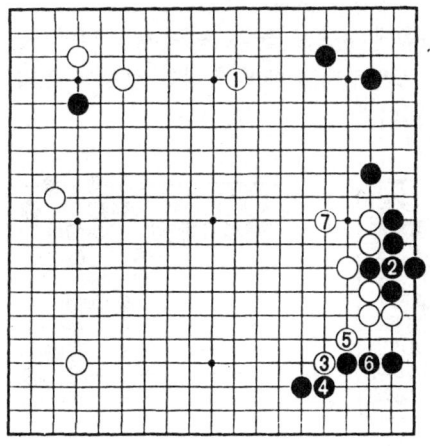

4 도

4 도 1 의 큰 곳을 두면 혹 2 로 패를 잇는다.

백 3 에서 7 까지 모양을 만드는데 이것은 백이 좋다.

128

제10형 대사 정석에서 나타난 모양이다. 사활을 생각하지 않을 수 없다.

어떻게 두어야만 패의 모양이 되는가……

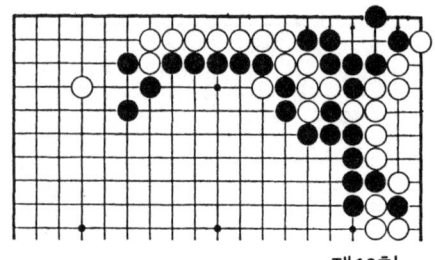

제10형

1도 흑1의 대사씌움으로 난해한 정석이다.

흑31의 젖힘에는 백은 손빼는 것이 많다.

백a의 받음은 흑b, 백c, 흑d의 나가 끊음에는 백으로 2선을 나간다. 이 수순을 전부 기억한다는 것은 초·중급자에게는 무리이다.

2도 백에서 두는 방법을 생각하여 보자.

백1의 젖힘, 다음에 3으로 둔다. 이렇게 되어서는 흑이 살 수가 없는 모양인데 백에게 중대한 결함이 있다. 이 결함을 찾아야 한다.

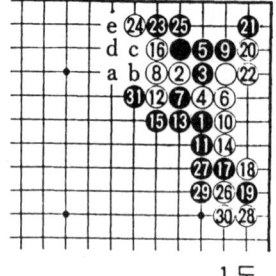

1도

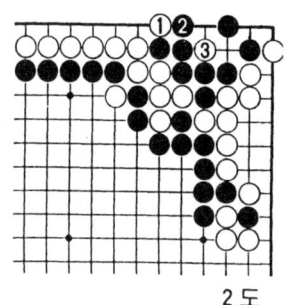

2도

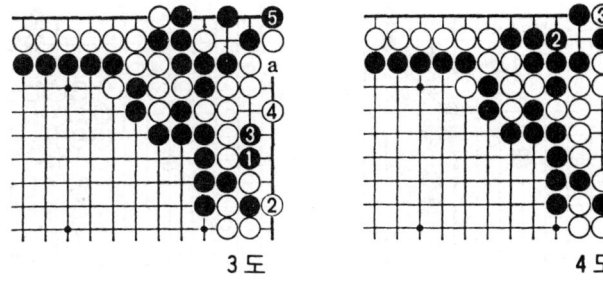

3 도   4 도

3도 흑 1, 3으로 결행을 한 다음에 5의 곳을 집어넣는 것이 수순이다. 이것이 본 패이다.

a의 때림이 선수 이익이 된다. 백에 부담이 있어 피해가 크다.

4도 백 1로 결함을 없애는 것이 무난한 방법이다. 흑 2에는 백 3으로 두어 패가 난다.

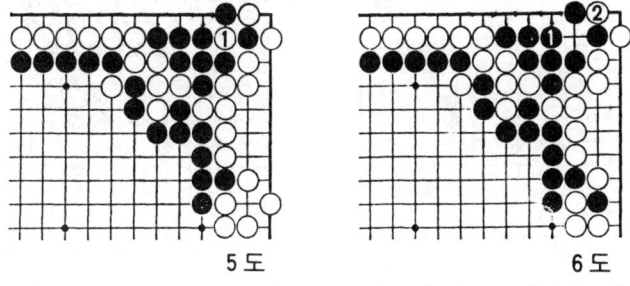

5 도   6 도

5도 백 1로 때려도 패가 남는다. 한 수로 해결이 안되는 패이다. 제 10형은 흑이 두어도 그냥은 살 수가 없다.

6도 흑 1로 두는 수 또한 패이다. 백에서 부담이 무거운 2단 패이다.

흑이 두어도 패가 남는다.

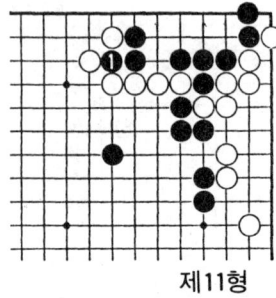

제11형

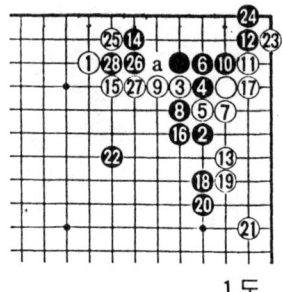

1 도

제11형 이것도 대사정석에서 나타나는 모양이다. 흑 1
에 백은 상하의 백의 단점을 지킬 수가 없는데……

1 도 백 1 의 3 칸 협공에 흑 2 의 대사씌움 정석이다.
에도시대나 명치시대에 쓴 옛정석이다.

백25에 흑26, 28. 28로 a의 곳 받음이 무난하다.

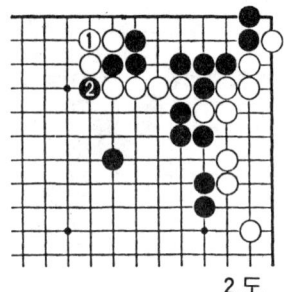

2 도

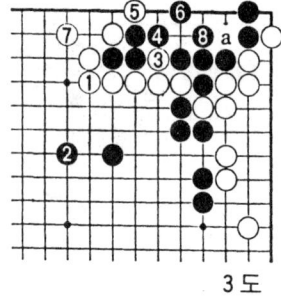

3 도

2 도 백 1 에 두는 방법은 어떨까? 그러면 흑도 2 로
끊는다. 백이 두는 방법을 생각해 보자.

3 도 백 1 의 이음은 보통이다. 흑 2 로 중앙을 먼저 둔
다. 이것이 흑의 주문이다.

백 3 에서 7 까지 된 다음에 8 로 사는 것은 중복선 모
양이다. 백 7 로 8 의 곳 붙임에는 흑 a이다.

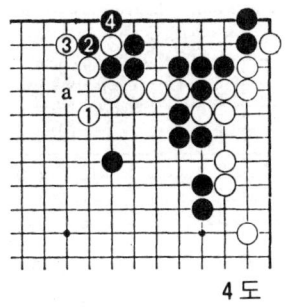 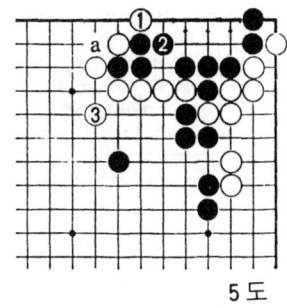

4 도   5 도

4 도 잇는 방법의 공부로 백 1 의 호구침으로 흑 2 , 4
의 끊어잡음이 있다.

백 a에 호구치는 것은 흑 1 의 들여다 봄이 있는 곳이다.

5 도 백 1 의 젖힘이 좋은 수순이다. 이것도 무슨 의미
일까? 흑 a의 끊음 대신 2 로 받지 않는 수가 없다.   그
러면 3 의 벌림이다. 백 a로 잇지 않는다.

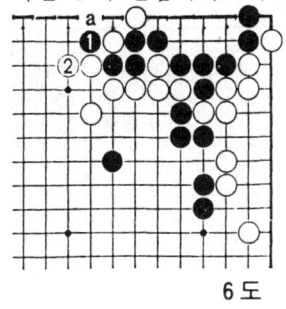 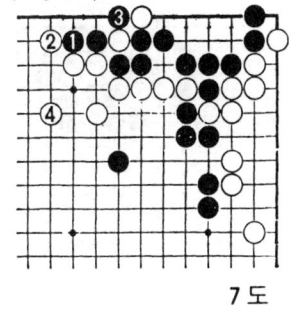

6 도   7 도

6 도 흑 1 의 끊음에 백 2 의 뻗음은 좋은 수이다.

나중에 백 a의 단수로 패가 남는다.

7 도 패를 막는 흑 1 의 미는 수에서 백 4 가 좋은 모양
이다. 단점을 지키는 방법의 공부로 천지의 차이가 나는
것을 알 수 있다.

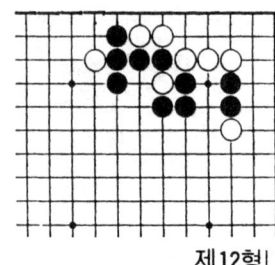

제12형

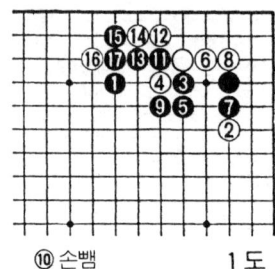

⑩ 손뺌   1 도

제12형 귀의 백에 수단의 여지가 있음을, 생각을 하여
보자. 중반 이후에 결정을 해야 할 것이다.

1 도 흑 1 의 2 칸 높은 협공에 백 2 로 반대쪽에 협공
하여 반발하는 정석이다. 흑 9 에 손을 빼면 11의 끊음을
허락하여 17까지 된 모양이다. 백이 손을 빼면 방치하여
두었다가 중반이후 공격을 한다.

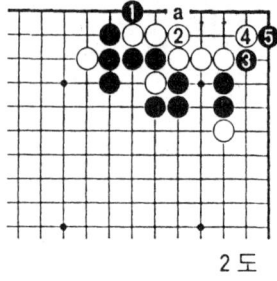

2 도

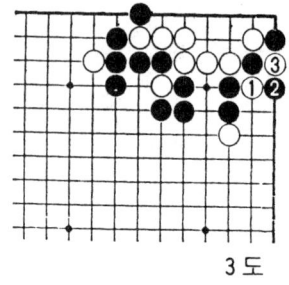

3 도

2 도 흑 1 의 젖힘에 백 2, 백 2 의 잇는 수 대신으로
a의 곳 호구침도 있다. 흑 3, 5 의 젖힘까지 된다. 흑 1
과 백 2 의 교환은 보류할 자리이다.

3 도 계속하여 백 1 의 끊음에는 흑 2 로 받아서 패의
시작이다. 흑이 패를 이기면 백이 죽는다.

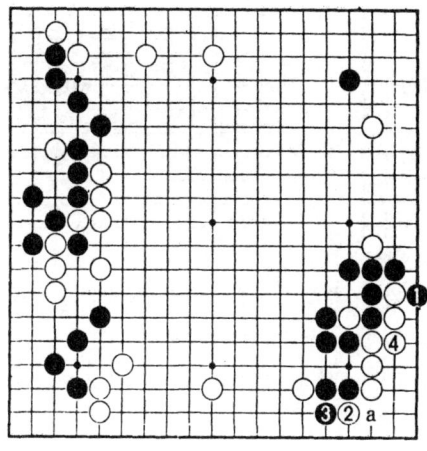

4 도

4 도 나의 실전보이다. 흑 1의 젖힘에는 백 2로 젖혀서 3을 교환한 다음에 4의 곳을 잇는다. 패를 방지하는 수이다. 흑 a의 끊어 잡음이 흑은 두터운 수이지만 좋은 결과는 아니다.

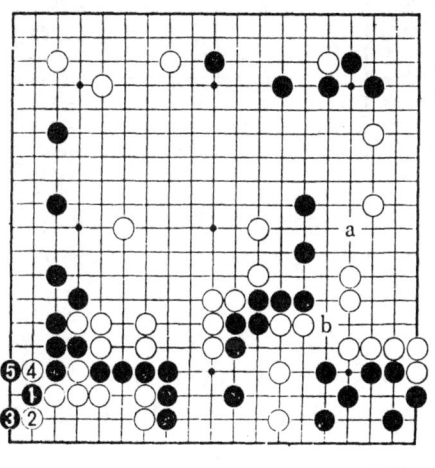

5 도

5 도 제12형의 패는 실전에서 자주 나타나는 모양이다. 흑 1, 3으로 바른 결행을 하는 수가 좋다. 흑은 좌변이 견고하여 꽃놀이패에 가깝다. a나 b의 팻감이 십분 좋다.

134

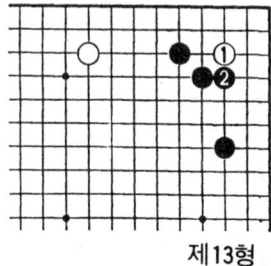

제13형

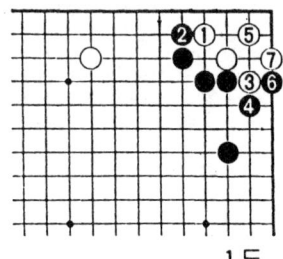

1 도

제13형 백 1 의 침입에 흑 2 로 내려섰다. 패가 난다면 일응 성공인데 두는 방법을 생각하여 보자.

1 도 이것도 간단하다. 백 1 의 마늘모에는 흑 2 로 건 너감을 막는다. 백 3 의 젖힘에서 5 , 7 로 패가 나는 모 양이다.   6 의 단수에서 7 의 받음으로 패이다.

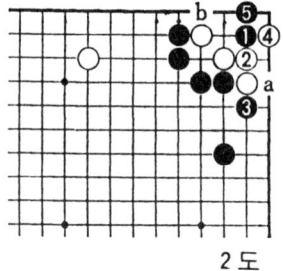

2 도

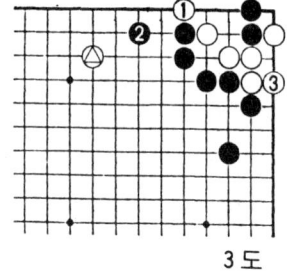

3 도

2 도 1 로 두어서 무조건 잡는다고 생각하는 것은 무리 이다. 백 2 에 흑 3 의 차단, 백 4 에는 흑 5 , a 와 b 가 맞보 기이다.

3 도 백에는 1 의 곳을 젖히는 수가 있다. 백 ⓐ 의 연 락을 흑 2 로 차단을 하면 백 3 으로 내려서 산다.

그러나 이 모양에서도 완전히 마무리가 지어진 것은 아 니다.

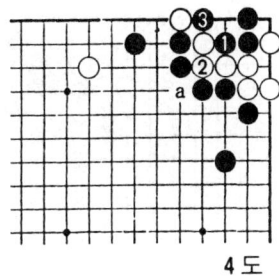
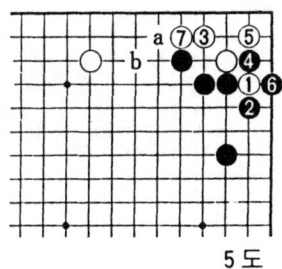

4 도   5 도

4도 흑1, 3으로 안쪽을 두면 패의 수단이 남는다.
이 패는 a의 끊음이 있어 흑에 있어서도 부담이 무겁다.

흑은 1도를 따른다·

5도 백1의 젖힘부터 두는 것은 맥이 나쁘다.

흑4, 6으로 끊어 잡는다. 1이 악수이다.

백7 다음 a의 내려섬이나 b의 곳이 있다.

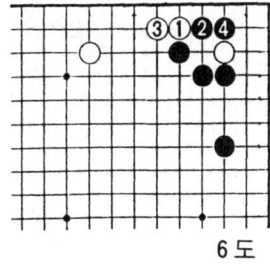
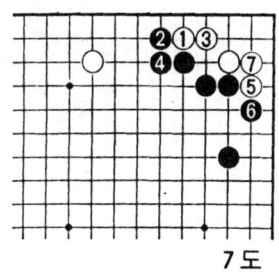

6 도   7 도

6도 백1의 붙임이 유력하다. 흑2에는 백3으로 끈
다. 이것으로 만족이다.

7도 흑2의 막음에는 백3으로 끄는 것이 선수이다.

백5, 7로 입체적으로 산다. 1도의 안쪽 다음에 6도,
7도의 붙임이 좋다.

136

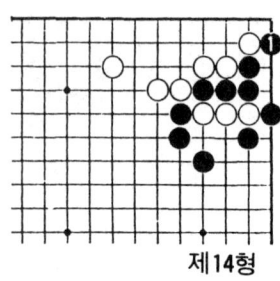
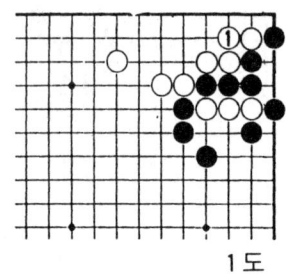

제14형   1 도

제14형 끝내기 수단은 패, 혹 1 로 젖혀서 3 점을 잡으면 백의 다음 수는 어떨까?

1 도 백 1 의 이음은 후수이다.

귀를 끊어 잡으면 선수가 아니다.

여기에서는 공부가 필요하다.

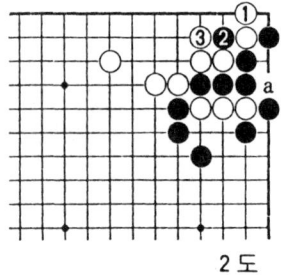
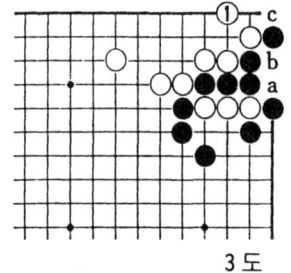

2 도   3 도

2 도 백 1 의 내려섬은 a의 먹여치기를 노리는 일응 선수인 점이다.

혹 2 의 끊음이 불용의 한 수이다. 백은 어차피 후수일 수밖에 없다.

3 도 여기에서는 간단하다. 백 1 의 호구치는 수이다. 혹이 손을 뺀다면 백a, 혹b, 백c로 패가 되는 곳이다.

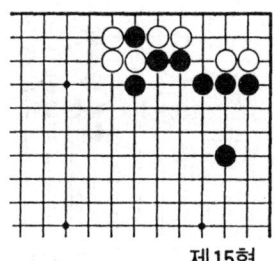

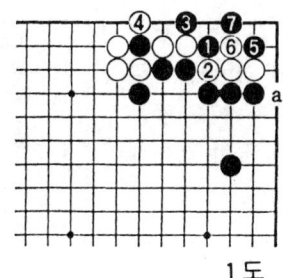

제15형   1 도

제15형 흑이 둔다면 귀의 백 2 점을 패로 잡는다.   자,
여기에서 어떻게 두어야 할까?

패의 선택은?

1 도 흑 1 의 젖혀나감에 대해서 3 의 단수는 절대이다.
여기에서 흑 5 의 붙임, 백 6 에 흑 7 로 이건 백 a 의 젖힘
이 남아 손해이다.   흑 5 로는― ·

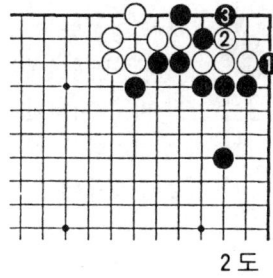

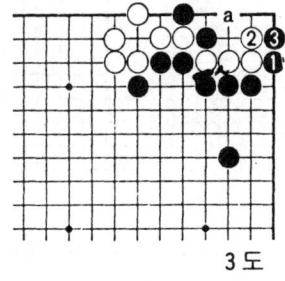

2 도   3 도

2 도 1 의 곳 젖힘이 패의 수순이다. 백 2 의 단수는 한
수, 흑 3 으로 젖혀 패이다.

1 의 곳을 선수로 젖히는 것이 손해가 적다.

3 도 백이 피하고자 2 로 받으면 계속하여 흑 3 의 곳
을 민다. 백 2 로 a는 흑 2 로 그만이다.

제16형 실전
에 있어서는 끝
내기가 큰 곳으
로 흑이 둘 차례
이다.

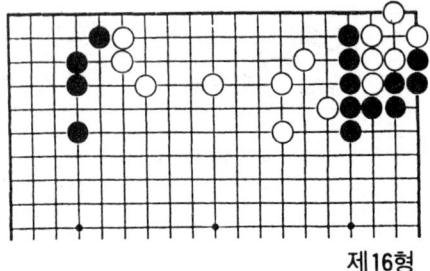

제16형

1도 흑 1 의 내림은 절대의 한 수이다. 백 2 의 받음에
는 흑 3 으로 비마한다. 백 4, 6 다음 흑 7 까지인데 이것
은 만족할 수가 없다.

흑 7 로는 — ·

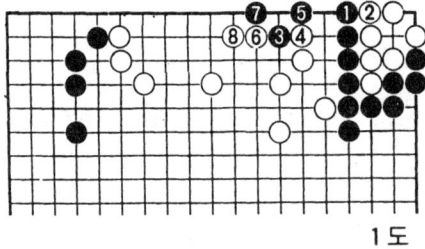

1도

2도 1 의 붙
임이 강렬한 맥
이다. 끝내기에
서 자주 나타나
는 맥이다. 백
2 의 단수에는
흑 3 의 젖힘으
로 패가 나는 모
양이다.

2도

3 도 비슷한 모양을 나타
내 보자.

백 1, 3에는 흑 4의 붙
임까지—·백 5로 젖혀 나
가면 흑a의 끊음이 있다.

흑 6은 계속되는 맥이다.
백 5로 6의 곳 젖힘에는
흑 5가 정수이다.

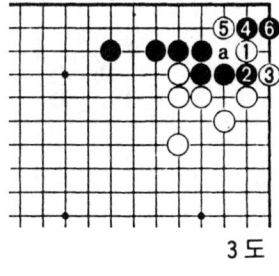

3 도

4 도 흑 1의 마늘모가 좋은 수이다.
백 2에는 흑 3 다음 7, 9까지 된다.

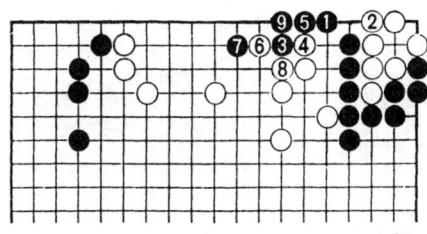

4 도

5 도 흑 1에
백이 2로 받는
것은 백 3으로
집어 넣어 패이
다.

백 2는 유력
한 대항책이다.
흑도 a의 곳을
내려서 두지 않
는다.

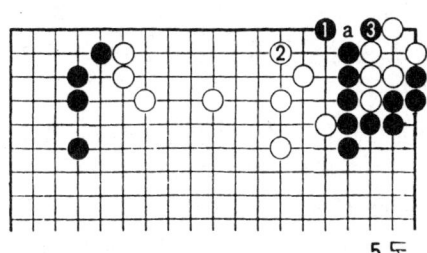

5 도

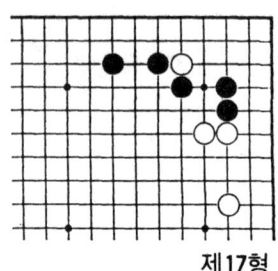

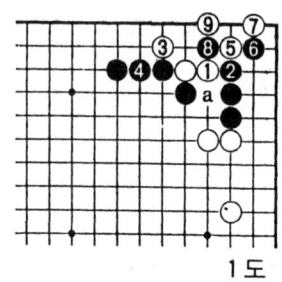

제17형　　　　　　　1도

제17형 귀에 어떤 수단의 여지가 있을까? 패가 나는 수순을 유의하여 보자.

1도 백 1의 뻗음에 흑 2의 막음 다음 3으로 흑 4를 강요하고, 5, 7 까지의 수순은 이미 배운 바가 있다.

흑 8로 끊어서 백 9의 젖힘으로 패이다.

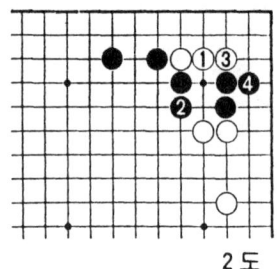

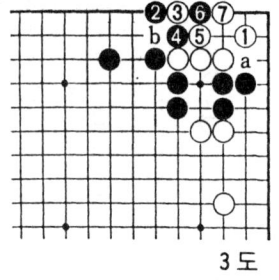

2도　　　　　　　3도

2도 백 1에 흑 2로 단점을 지키는 데에 주의. 백 3 에 흑 4의 내려섬까지 — ·

3도 상당히 어려운 곳이다. 백 1의 마늘모에는 흑 2 가 최강의 응수이다. 그 외에는 다른 수가 없다.

백 3이하의 수순을 밟아 패로 성공이다.

1도의 패와 3도의 패가 다르다. 3도의 방법은 흑a, 백 패땜, 흑b의 여유가 있다.

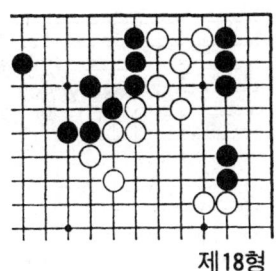

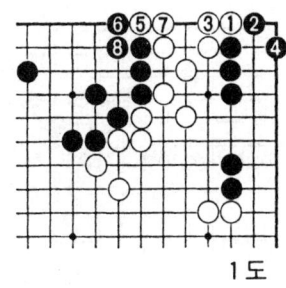

제18형   1 도

제18형 백이 상변에 대하여 끝내기이다. 주의할 것은 끝내기의 미묘한 차이다.

1 도 백 1, 3 의 젖혀 이음 다음에 5, 7 의 젖혀이음까지—·

이것도 옳은 방법이 아님을 한눈에 볼 수 있다.

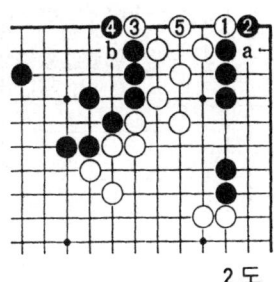

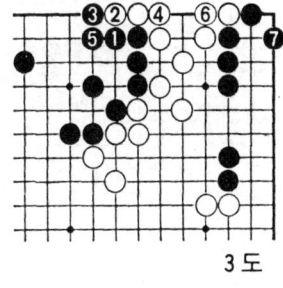

2 도   3 도

2 도 이음을 결정하는 방법인데 백 1 의 젖힘에 혹 2 의 받음, 다음 3 으로 반대쪽을 젖힌 다음에 백 5 로 받으면 a, b 의 끊음이 맞보기이다.

혹은 패를 피할 수 없다.

3 도 혹 1 로 늦추어 받으면 백 2, 4 로 밀고 잇는다.

이것이 2 선의 양젖힘의 맥이다.

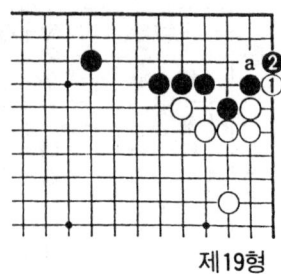 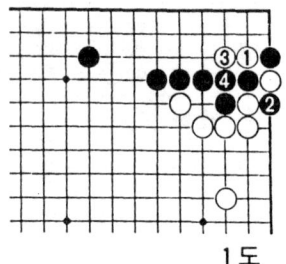

제19형   1 도

제19형 백 1 의 젖힘에 흑이 2 로 받은 귀의 모양이다.

1 도 여기에서 끝내기의 상식이 있다. 백 1 의 끊음이 간단한 좋은 수. 흑 2 에는 백 3 까지 선수행사를 한 다음에 — ·

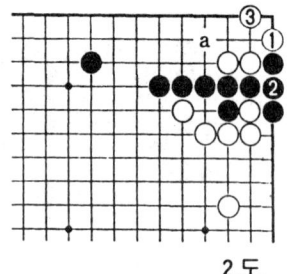 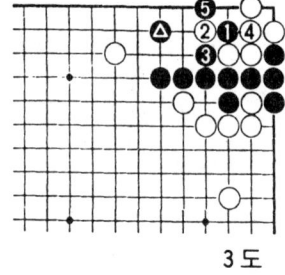

2 도   3 도

2 도 1 의 곳은 단수함이다. 흑a로 둔다면 1 의 곳을 때려낸다. 이것은 꽃놀이 패이다.

흑 2 의 이음에는 백 3 으로 사는 모양이다.

3 도 흑●가 있다면 흑 1 의 붙이는 수가 성립을 한다. 백 2 에는 3, 5 의 수가 기다리고 있다.

제19형 백 1 에는 a의 뻗음이 정수이다.

4 도의 실전례는 특수한 경우의 소개이다.

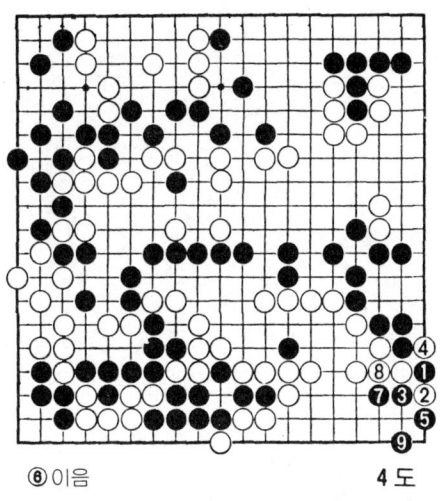

4 도 흑 1의
젖힘에 백 2는
당연하다.

흑 3의 끊음
은 당연하다.

이하 9까지
된 다음에—·

⑥이음

4 도

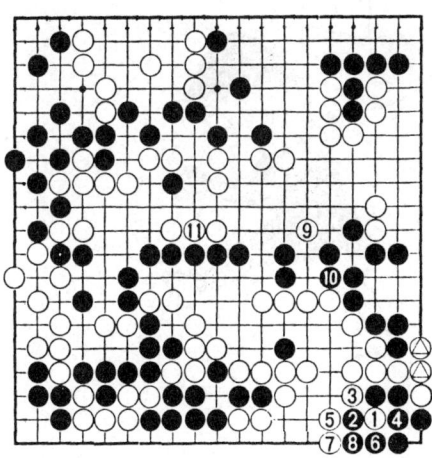

5 도 계속하
여 백 1에서 8
까지를 결행한
다. 백 9에서
11은 큰곳. 백
△가 내려서 있
어 전체의 흑이
위험하다.

5 도

제5장

실전의 패

패에서 패의 대격전

나의 실전의 감상이다.

7 단 당시에 오청원 9 단과의 대국이다. 이것은 나의 백번으로 초반부터 접전의 양상이다.

흑15는 오청원 9 단의 신수이다. 정석은 1 도의 수순인데 백 4로 좌하를 두었다.

흑15로 변화를 구하였다. 23,25로 백이 2 선을 기어나가도록 눌렀다.

백38로 때려 백이 좋다.

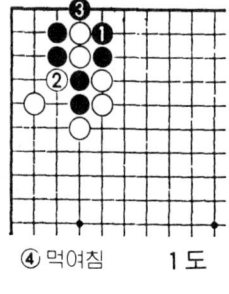

④ 먹여침   1 도

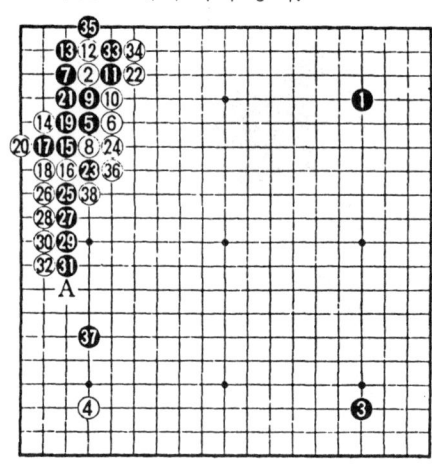

제 1 보 (1 ~ 38)

〈포인트〉

흑15는 신수 (新手)

백38로 백이 좋은 모양

의표와 손뺌

백**40**은 당연한 곳으로 큰 곳이
다.

흑**41**이라는 정석 수문, 다음 백
44에 A의 곳 받음은 생각이 부족
하다. 그래서 손을 빼고 **45**의 곳
을 걸쳤다.

2 도의 단수라면 흑 **2**, **4** 로 받
는다.

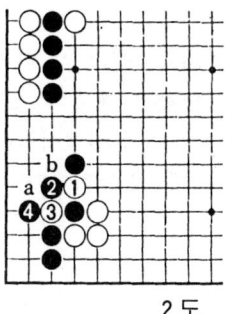

2 도

흑a로 패를 피하는 것은 무리이다.

〈문제〉 백의 다음 수가 문제이다. **2**도의 패는 무리인
데……

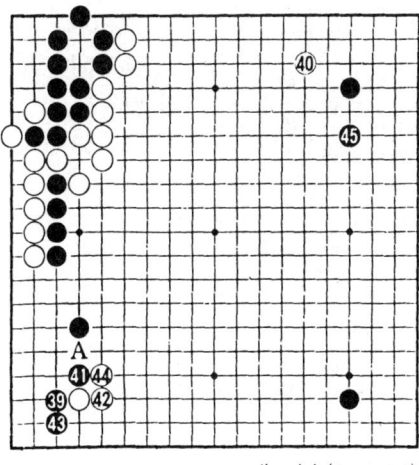

제 2 보 (39~45)

〈포인트〉
백**40**은 큰 곳
백**44**로 손을
빼는 것은 멋진
착상이다.

팻감 만들기 고심

백46의 방향전환. 그런 다음에
좌하로 되돌아갈 계획이다.

백48은 대세의 요점이다. 흑51
은 모양의 필쟁점. 백52에서 좌하
에 팻감만들기이다. 백은 팻감을
많이 만들 필요가 있다.

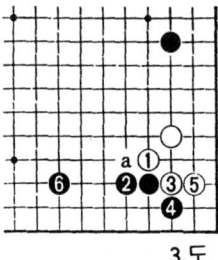

3 도

3 도의 1 에서 6 까지 기본정석의 선택이다.

백에서 팻감은 a의 곳 누름이다. 55까지 원 모양에서
13이하의 팻감이 있다. 56, 58로 결행을 하였다.

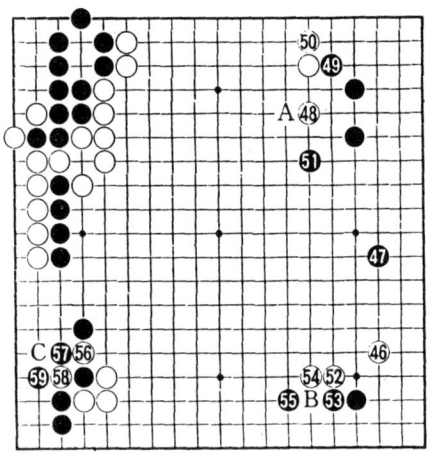

제 3 보 (46~59)

〈포인트〉

백52, 54는 팻
감 만들기.

백56, 58 등…

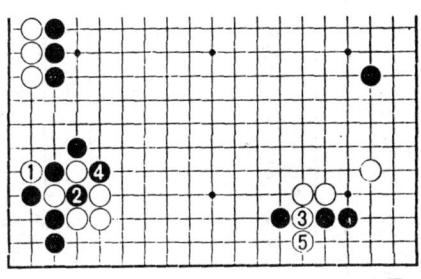

4 도

4 도의 1 의 단수하는 수에는 흑 2 의 되따냄이 있다.
백 3 이 자만의 팻감이다. 흑 4, 백 5 의 바꿔치기.

다음에 5 의 내려섬까지 ─ ·

우하의 실리가 크다. 이 도에서는 팻감 만들기가 일응
성공이다.

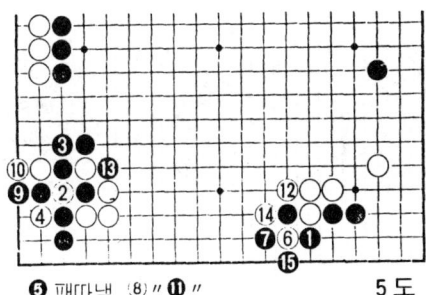

❺ 패따냄 ⑧ ˝ ⓫ ˝   5 도

5 도의 1 의 받음은 백 2 의 되따냄, 흑 3 이하 백 10까
지 외길 수순이다.

백 12의 패씀에는 흑 13이 해소의 한 수이다.

백 14로 때려서 대전과이다.

〈문제〉 백 c의 끊음은 어려운 곳의 하나이다.

150

불만의 바꿔
치기

백60의 끊음
은 전보(前譜)
에서 약술 하였
듯이 백이 고전
이다. 백60은헐
기 방정한 수.

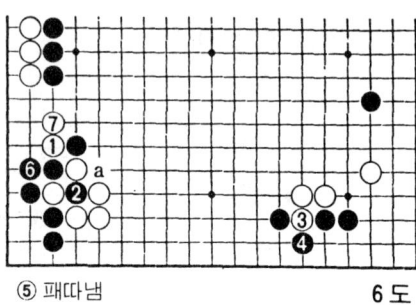

⑤ 패따냄

6 도

6 도의 1 의 끊음은 실전에서 그리 심각하지가 않다. 흑
2 에 백 3 의 찌름 다음에 되따내면 흑 6 , 그러면 백은
7 의 곳을 뻗는다.

a의 곳을 때리면 백 4 로 십분 좋다.

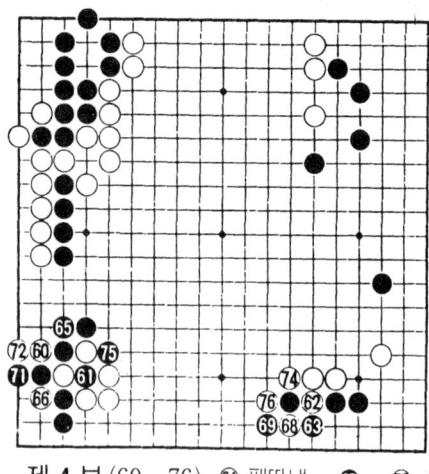

제 4 보 (60~76) ⑥④ 패따냄   ⑥⑦ 〃 ⑦⑩ 〃 ⑦⑬ 〃

〈포인트〉
백60은 따냄.
흑75, 백76의
흔들림은 백 실
패이다.

7도의 1 의
나감이다. 팻감
이 크므로 의미
가 있다. 흑 2 에
는 3 으로 결행
을 한다. 여기에
서 백 5 로 좌하
의 패는 승리다.

여기에서 75
의 때림은 작전
의 실패이다. 76
으로 되어서 우
하는 맛이 없다.

74로는 — ·

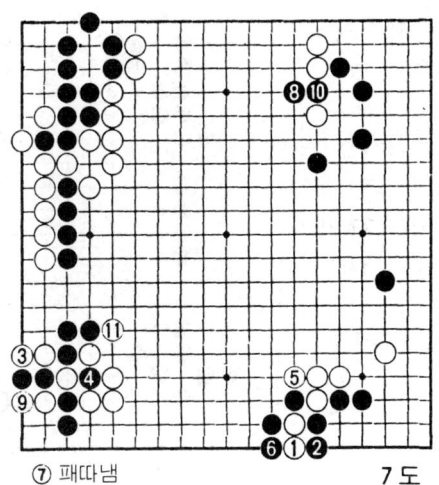

⑦ 패따냄　　　　　　　　7 도

8 도의 1 의 끊음이 있다.

흑 2, 백 3 의 바꿔치기이다.

〈문제〉 우하는 맛이 남는다. 수단의 여지는?

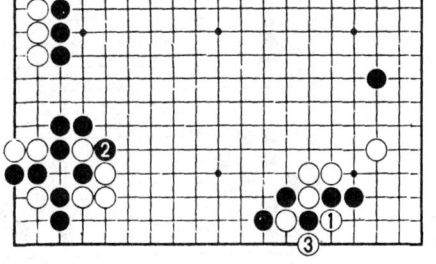

8
도

제 2 의 패 다 툼

좌하가 일단 락이 된 모양에 서 흑77,79에서 80의 끊음이다.

9 도의 1 이 큰 곳이다.

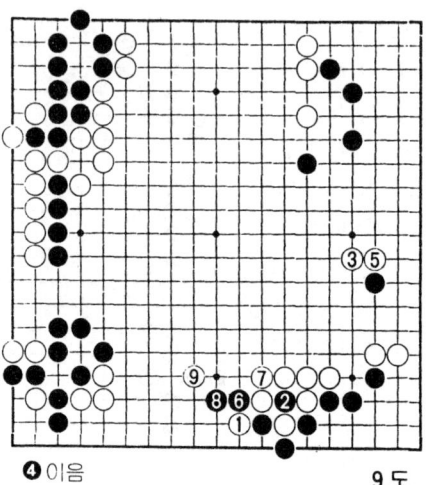

❹이음

9 도

〈포인트〉

백80, 86은 너무 서두른 모 양이다.

흑85, 87을 잡기에는 괴롭 다.

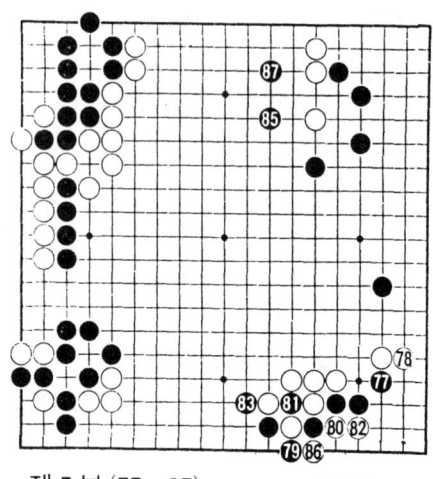

제 5 보 (77~87)   ㉘ 패따냄

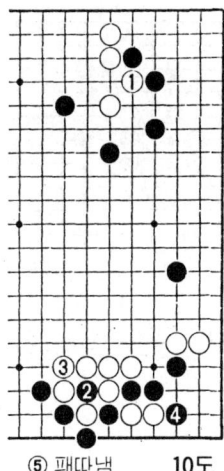

⑤ 패따냄   10도

백 3으로 패를 쓰면 흑 4가 해소의 한 수이다.

백 5의 막음과 흑 6의 끊음에 7, 9는 모양이다.

백80, 82는 패의 절대, 83 다음에 흑은 다른 곳에 댓가를 구한다.

백86은 10도의 1에 응하여 2로 때리면 백 3을 잇고 백 4에 두어서 의연하다.

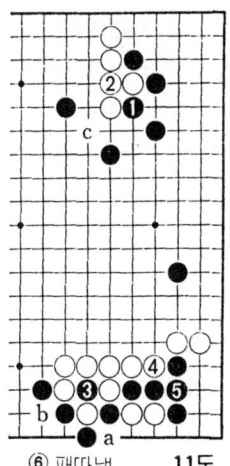

⑥ 패따냄   11도

계속하여 11도 흑 1의 곳에는 4의 곳에 팻감이 하나 있다. 흑 a는 양보를 하면 b나 c가 남아서 부담이다.

〈문제〉백이 우상의 3점에 대한 처리는?

고심의 공격

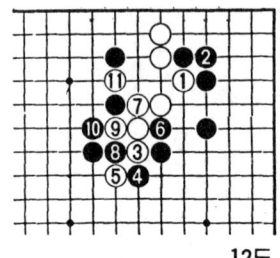

12도

백88로 머리를 내밀음이다.
흑89에는 백90은 당연한 수
이다.

다음 91이 엄한 공격이다.

백90으로는 12도의 1로 두
는 것이 최후의 찬스이다.

흑 2에는 3으로 나간다. 흑 4, 6에서 8의 끊음이 강
인하다.

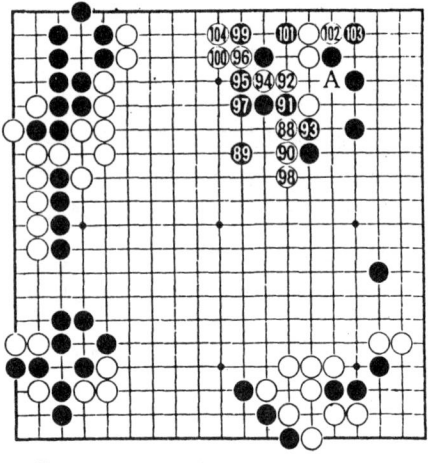

제 6 보(88~104)

〈포인트〉

흑91은 당연
한 수이다.

흑93으로 끊
기면, 위아래가
다 괴롭다.

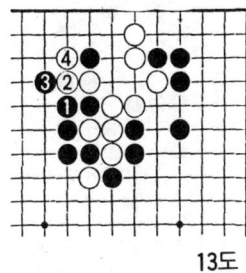

13도

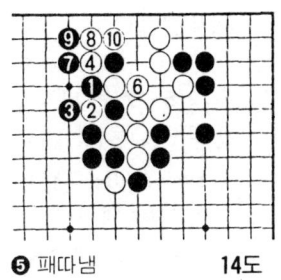

❺ 패따냄   14도

13도의 1의 이음에는 백 2, 4로 돌파하여 나간다. 흑은 더 이상 추격할 수 없다.

14도의 흑 1의 차단에는 백 2에 흑 3의 내려섬, 이것이 패를 함축한 상용의 맥이다. 외길 수순이다.

흑91에는 A의 곳이 선수이익이 못된다. 백92, 흑93의 끊음으로 고전이다. 백96의 끊음에 계속하여 — ·

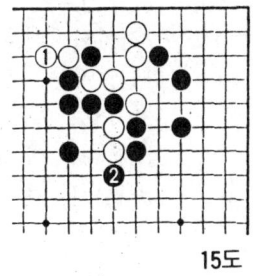

15도

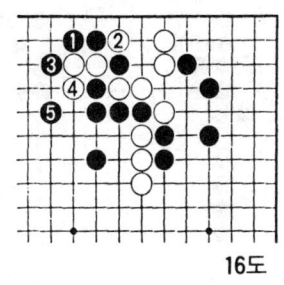

16도

15도의 1의 뻗음은 흑 2로 잡혀서 그만이다.

흑99로 100의 방향에 단수하는 것은 어떨까?

흑101에는 16도 1의 뻗음이 있다.

이것은 백의 고전이다.

〈문제〉 백104로 내려서 공격이다. 결말은?

대세결정

흑은 5, 7로 외곽을 조여간다.

백 8에서 10은 맥이다. 삶을 도모하는 패이다.

17도의 1은 흑 2로 받아서 피할 수 없는 모양이다.

이 다음에 백 a는 선수가 되지 못한다.

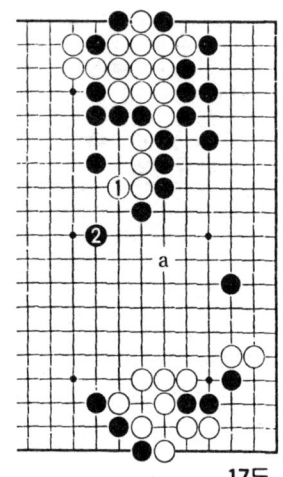

17도

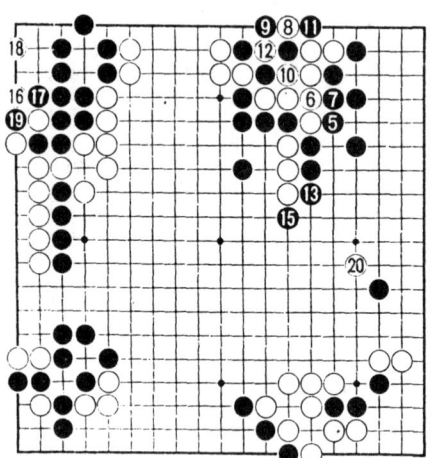

제 7 보 (105~120) ⑭ 이음 (12의 아래)

〈포인트〉

간신히 패로 만들었지만, 흑 13, 15로 연타를 당하여, 대세 (大勢)가 결정되었다.

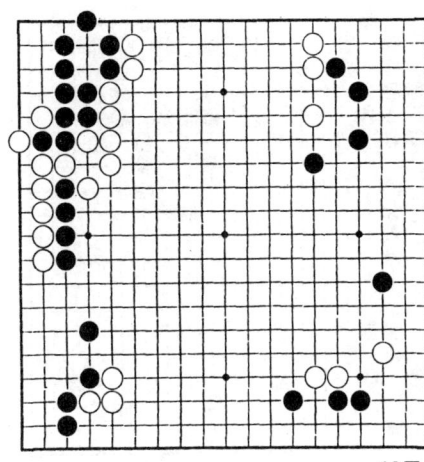

18도

패를 시작하
기전의 그림이
18도이다. 이 도
를 보면 좌하는
백의 대전과이
다.

우상 일대는
흑의 득이다. 좌
하와 좌상을 잃
으면 형세는 결
정적이다. 이 단
계에서는 새로
운 각오가 필요
하다.

백16의 패전
처리의 수가 있
다.

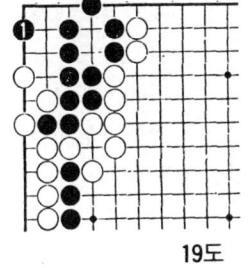

19도

흑17로는 19도의 1 의 받음이 알기쉽다. 흑17, 백18로
백은 부담이 적은 패이다.

백20이 절호의 팻감이다.

〈문제〉 백20에 흑의 응수는?

한순간에 역
전

흑21로 변화
를 구한다.

20도의 1의
곳은 백2를 허
락한다. 흑3에
돌아갈 때 좌상
귀는 7까지 된
다.

흑1로는 —·

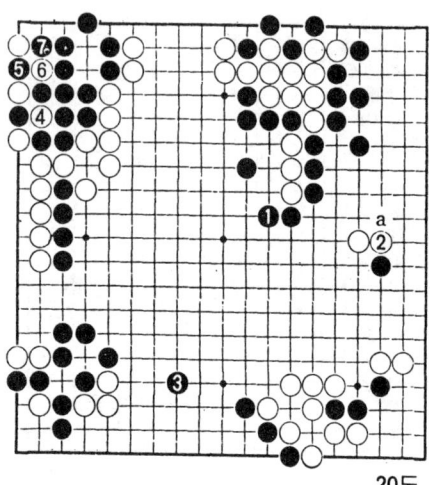

20도

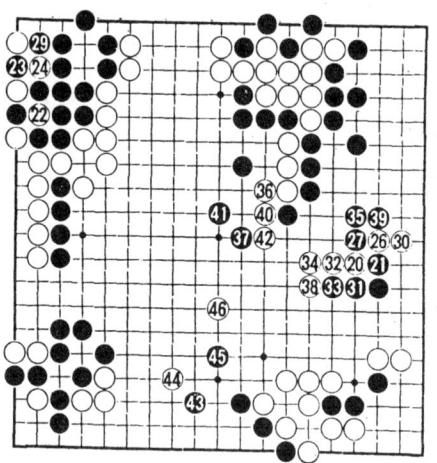

〈포인트〉
흑21은 맹렬
하다.
백40, 42의
탈출은 성공적
이다.

제 8 보 (120～146)   ㉕ 패따냄 ㉘ 〃

　a의 곳에 한칸으로 받는 수
도 있다.

　패를 다루며 20도의 1로 두
는 것은 실전 심리의 미묘함이
다.

　흑21로 밀어서 좌상을 패로
다투는 것은 다음에 백26의 젖
힘으로 주지 않을 수 없다.

　흑27의 끊음에서 35까지는
외길 수순이다.

　34에 돌이 오면 36으로 도망
하여 나가는 것이 성립한다.

　한 순간에 역전이다.

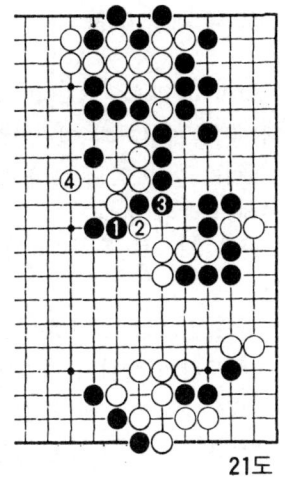

21도

　흑41로 21도의 1의 막음을 백2, 4로 간단히 탈출이
다. 흑41까지 모양을 정비하여 두지 않을 수 없다.

　흑43에는 백44, 46으로 공격태세이다. 주위의 백이 두
터워서 양쪽이 다 살 수 있다고 보는 것은 절망적이다. 오
청원 9단은 패싸움에 정평이 나 있지만 이런 국면에서는
절망적이라고 아니할 수 없다.

일찍 패를 다툼

나의 바둑에서 추려보았다. 수재(手哉) 명인과의 일전이다.

백16, 20으로 두는 방법을 생각해 보아야 한다.

흑은 23으로 봉쇄를 가하여 왔다.

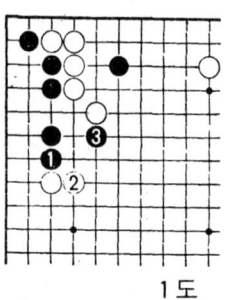

1 도

1 도의 1 을 결정하여 3 의 곳을 붙이는 방법도 있다.

흑23의 일착에서 패를 다투는 반전이다.

백24, 26은 엄한 수단이다. 그러나 이것은 무리한 수단이었다고 목곡(木谷) 선생은 술회하고 있다.

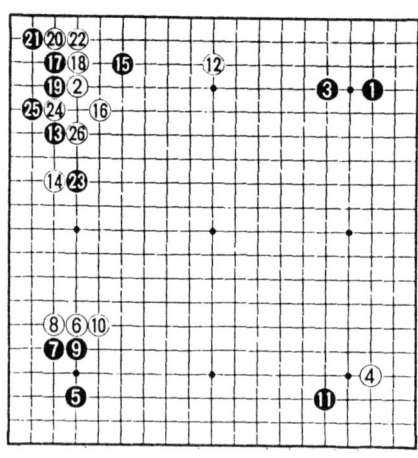

제 1 보 (1 ~26)

〈포인트〉

흑23, 때림은 좋은가 ?

백24, 26의 수순이 문제이다.

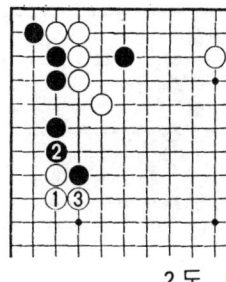
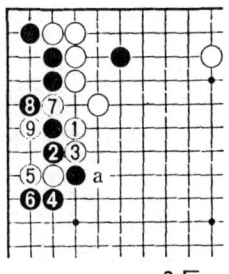

2 도   3 도

2도의 1, 흑2에 백3으로 백이 나쁘지 않다. 흑을
절단한다면 3도의 1부터 선수로 둔다. 흑2에 백3의
끊음, 흑4 이하의 저항은 백7, 9로 패를 도발시킨다.

백에서는 a의 곳 단수가 절호의 팻감이다. 어쨌거나 이
부분은 상당히 어려운 곳이다.

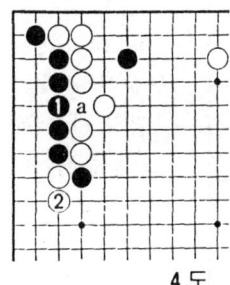
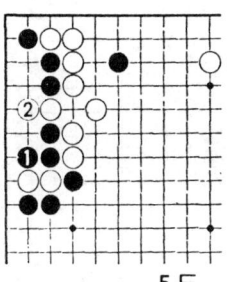

4 도   5 도

4도의 1의 막대기 이음은 a의 뒷맛을 노리는 수이다.
백2로 뻗는다.

3도의 8로 5도의 1로 잡음은 백2로 돌파하여 나
간다. 흑23, 백24는 기합의 한 수이다.

〈문제〉 패는 피할 수가 없다. 흑의 다음의 한수를 생각
해 보자.

귀의 흑은?

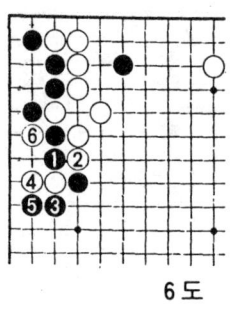

흑27의 강한 부딪힘, 백28의 끊음 다음에 흑29의 때림까지 수순이다.

흑27로 6도의 1의 곳에 늘면 백 2, 흑 3에 4로 반발하여 응수가 궁하다.

6 도

7도의 1로 먼저 패를 때리지 않는다면 5의 내림에서 6의 끊음으로 귀쪽의 흑이 살 수가 없다.

27의 치받음으로 8도의 1의 아래쪽 끊음이 있다.

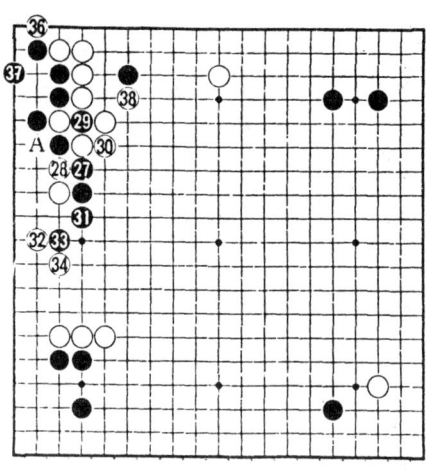

제 2 보 (27~38) ㉟ 이음 (29의 왼쪽)

〈포인트〉

흑 27, 29가 수순이다.

귀의 사활(死活)이 문제이다.

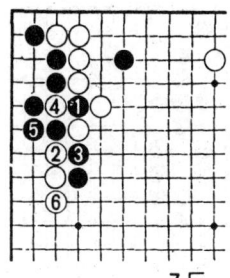

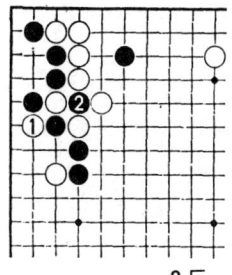

7 도   8 도

혹 2의 반발에 백도 팻감이 없다.

패를 도발하는 것은 팻감을 먼저 생각하는 것이 순서이다.

이것은 초급자가 주의하여야 한다.

혹29의 선수때림이 가치가 있다. 백30의 이음 다음에 백은 A를 방치하고 31의 곳을 뻗었다.

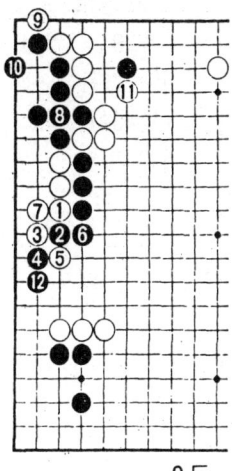

9 도

자, 이 모양에서 탈출은 귀의 혹의 삶이 아닐 수 없다.

31이 고심의 일착, 이어 33의 준비공작을 통하여 35의 이음에서 37의 탄력까지 — .

백32로 9도의 1로 나가는 것은 혹 2. 4에서 8의 이음까지 결정된다. 이것은 실전과 같다.

〈문제〉 백의 엷음에 돌입을 하였다. 혹의 응수는?

타협은 없다

39로 끊은 다음에 41로 끌고 나가는 것이 공격의 모양이다. 흑43은 이 한 수.

여기에서 46이 급소이다. 여기에서 10도의 1로 나가면 3점을 잡는다.

〈문제〉 흑의 다음의 한 수는?

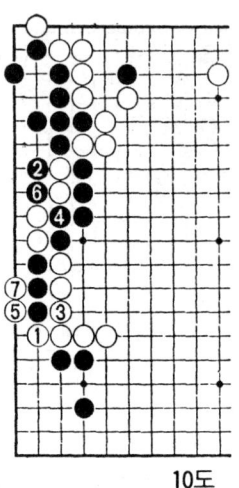

10도

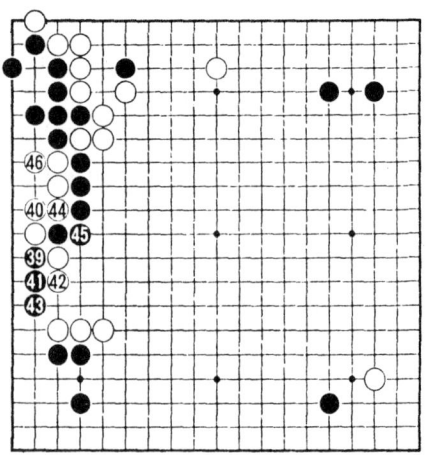

제 3 보 (39~46)

〈포인트〉

흑39로 끊어서 공격한다.

백46이 급소이다.

한 길로 공격

혹**47**로 건너가는 한 수이다.

48은 공격의 급소. 이에 대하여 흑의 응수는 **49**에 한하지 않는다. 이하 백**50**, 흑**51**, 백 c 는 실전과 동일하다. **11도**의 1 로 둔다면 실전과 같은 진행이다. 여기에서는 패를 피할 수 없다.

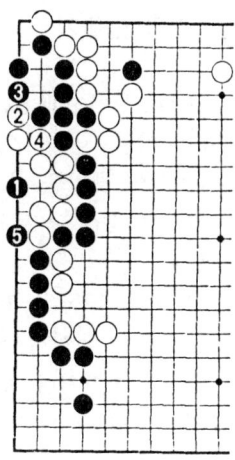

11도

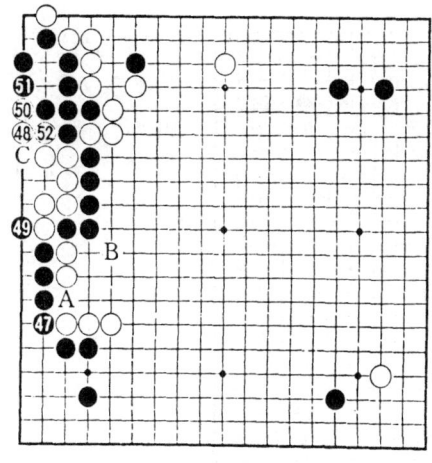

제 4 보 (47~52)

〈포인트〉

흑**47**의 공격이 문제이다.

백**48**이 급소.

팻감 만들기

59로 두기전에 53으로 나가는 수가 있다.

이것이 팻감을 만드는 하나의 예이다. 나중에 흑A가 강렬한 패가 된다.

백54로 12도의 1로 귀를 잡으면 흑2로 되어서 흑이 좋은 형세이다. 어쨋거나 흑59로 큰 패에 돌입 하게 된다.

〈문제〉 흑61로 취하였다. 백의 팻감은?

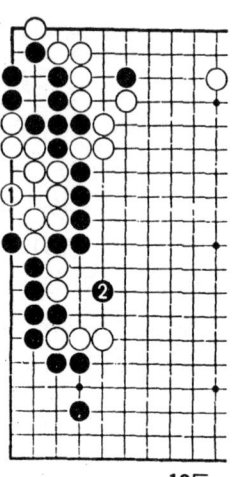

12도

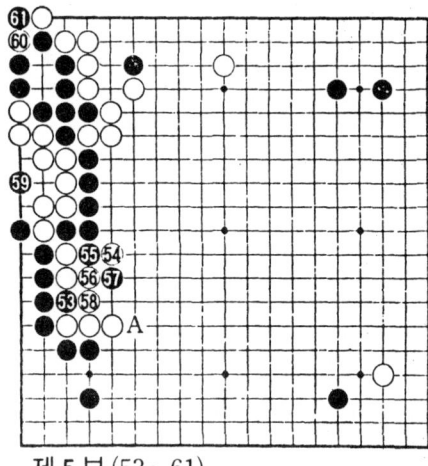

제 5 보 (53~61)

〈포인트〉

패쓸 곳을 준비하고, 차츰차츰 큰 패로 들어간다.

한 패를 이기는 수 읽기의 끊음

백62에 먹여치는 것도 팻감의 하나이다.

64로 되따내면 전보의 준비공작이 있어 65의 붙임이다. 이후 흑77이 최후의 팻감이다.

목곡(木谷) 선생은 제 2 보의 패의 결말을 읽었다고 하니 가히 수읽기의 힘이 강함을 알 수가 있다.

79다음 백은 다른 곳에 2 수를 계속 두어서 댓가를 구할 수밖에 없다.

〈문제〉 백의 팻감은?

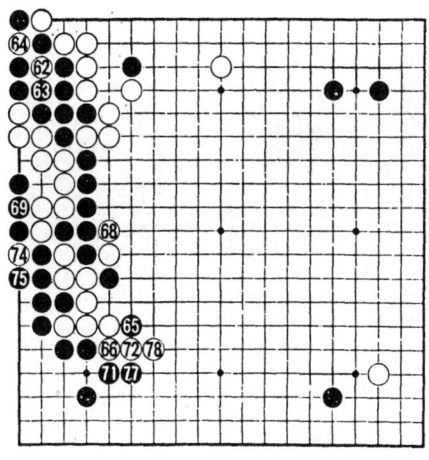

제 6 보 (62~79)

⑰ 패따냄 ⑦〃 ⑰〃 ⑯〃 ⑲〃

〈포인트〉

흑65, 71, 77 은 자만의 패를 쓴 경우. 백의 패때림은 어떨까?

패로 결착

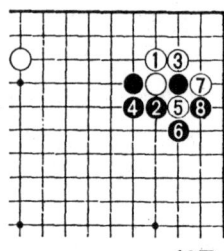

백은 2수를 계속하여 두는 수
가 있지만 이곳이 역시 어려운 점
이다.

백80, 82로 돌파하는 것이 최선
이다. 흑81로 패를 해소한다.

13도

이것은 패에 종지부를 찍는 바꿔치기.

좌변에 40이 넘는 큰 확정지가 생긴다.

백82의 뻗음으로 13도 1 의 곳을 나가는 것은 흑 2 에
서 8 까지가 보통이다.

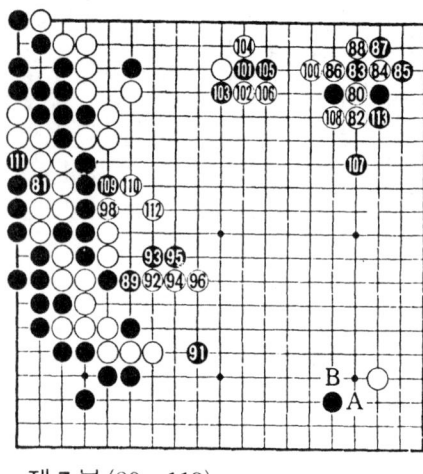

〈포인트〉

백80, 82의 연
타가 최선이다.

흑89는 강경
한 수이다.

제 7 보 (80~113)

⑨⓪ 패따냄 ㉛ 〃 ⑨⑨ 이음 (84)

백84의 끊음
에서 88의 단수
에 손을 빼고 89
로 뻗는 것이 목
곡(木谷) 선생의
강수이다.

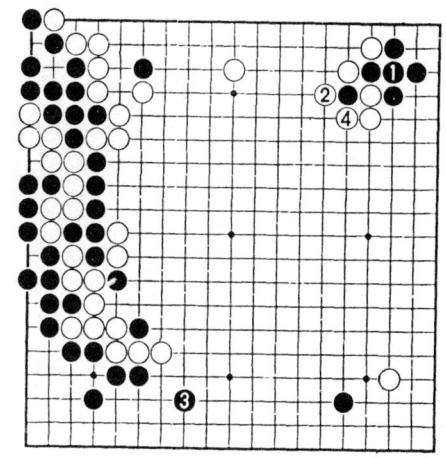

14도

백90으로 패를 취하면 흑91로 압박을 하여 백은 손을
뺄 수가 없다.

흑97다음에 99로 잇는다.

초반의 백24가 무리로 시종 백은 고전을 한 바둑이었
다.

팻감을 쓸 때에는 주위의 여러가지 정황을 참착하여야
함을 새삼느낀다.

흑이 좋은 바둑이다.

제6장

실력테스트

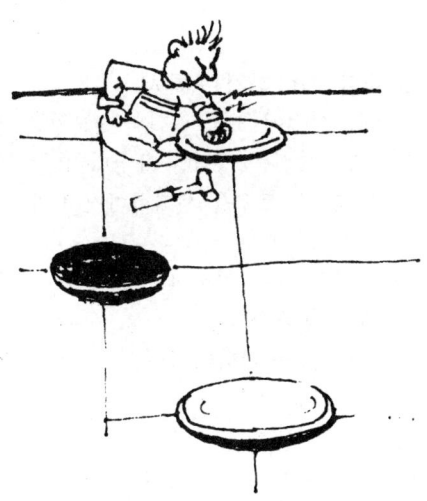

문제를 해결하기 위해서

문제는 실전에 자주 나타나는 모양을 채집하여, 즉, 어려운 생각을 요한다거나 패에 한정한다거나 묘수를 생각한다거나 하는 필요성을 갖게하였다.

패를 행하거나, 피하거나, 여기에는 팻감이 크게 작용을 한다.

☆난이도를 나타내었다.

☆…중급정도

☆☆…초단정도

☆☆☆…고단자나 프로급의 어려운 문제

☆☆의 문제도 만만치 않음을 알 수 있다.

결단이 좋다.

백 1 로 때리면 흑 2 로 단수를 한다. 이 모양은 제 4 장에서 배운 바 있다.

흑 A의 축은 흑이 불리하다. 천하패를 도발하게 하려면……

제 1 문 백선☆☆

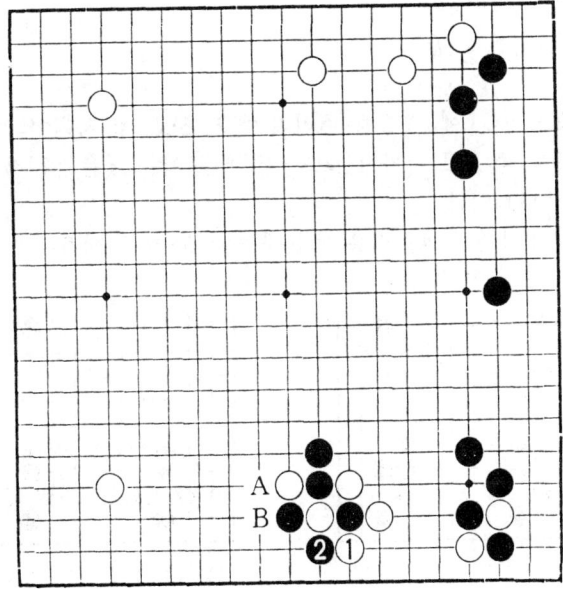

1 도 (정해)
백 1 의 뻗음이
천하패를 도발
시키는 준비로
팻감을 만든다.

흑 2 의 받음
엔 백 3, 흑 4
로 되따면 백수
이다.

흑이 부담이
가는 패로 4 의
곳을 이으면 a의
곳을 때려서 좋
다.

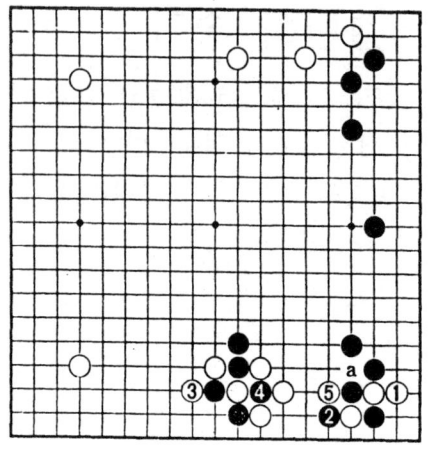

1 도

2 도 백 1 에 흑 2 로 때리면 백 3, 5 로 될 자리이다.

3 도 백 1 로 나가지 않고 이렇게 조이는 것은 준정해
(準正解) 이다.

백 3 에는 흑 4, 다음 백 5 에는 흑 6 이다. 백 5 로 6
은 2 도와 비슷하다.

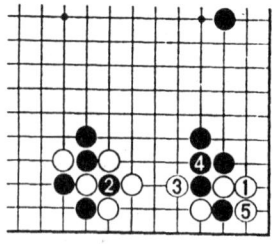

2 도

❹ 이음 (2의 왼쪽) 3 도

이것도 패

팻감을 구하는 문제인데 이것도 팻감 만들기 이다.

　이런 모양에서 팻감은 어떻게 만들까?
흑 1 의 단수에 백이 2 의 곳을 내려섰다.
　다음 백은 어떻게 두어야 할까?

제 2 문　백선☆

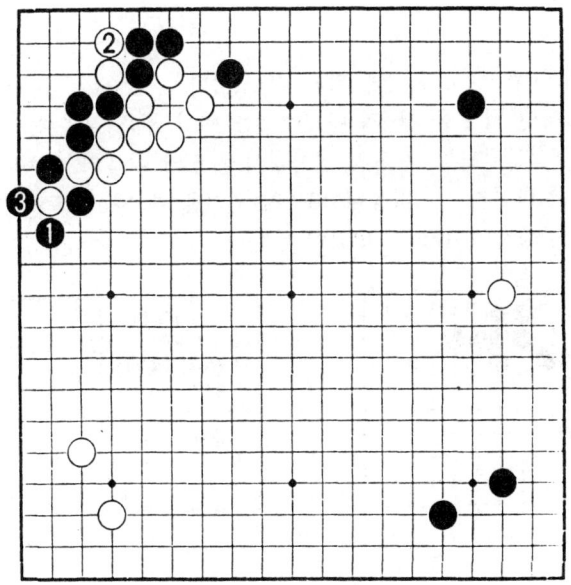

1 도 (정해)
여기에서는 백
1 의 젖힘이다.
흑 2 에는 3 으
로 조여 4 까지
외길 수순이다.
　다음 백 5 의
붙임이 있다. a
도 같지만 손해
패의 의미가 있
다.

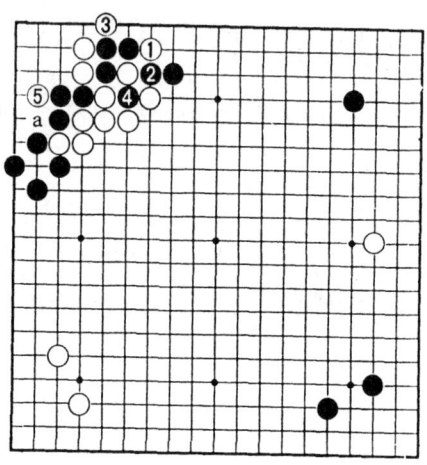

1 도

　2 도 흑이 1 의 곳을 잇는 한 수이다.
　그러면 백 2 를 단수한다. 이것은 백이 좋은 결과다.
　3 도 문제도는 흑 1 의 대사정석에 6 의 이음의 정석이
다. 흑11까지 — · 다음에 19까지 되었을 때 백a, 흑b, 백
c로 결행하면 d의 곳 팻감이 남는다.

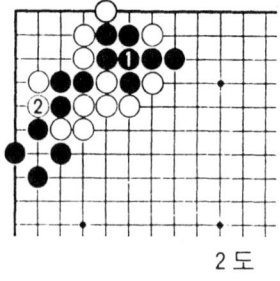

2 도

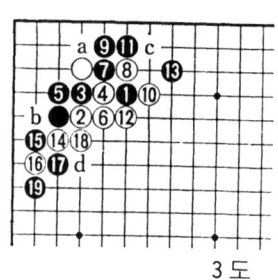

3 도

귀에 주목

접바둑이다. 우하방변의 흑 7 점 크게 잡혀 있는 모양이다. 흑이 A의 곳을 두면 패이다.

그렇다면 이 패의 팻감은 어느쪽이 더 많을까?

여기에는 공부가 필요하다. 귀에 부족하다.

제 3 문   흑선☆☆

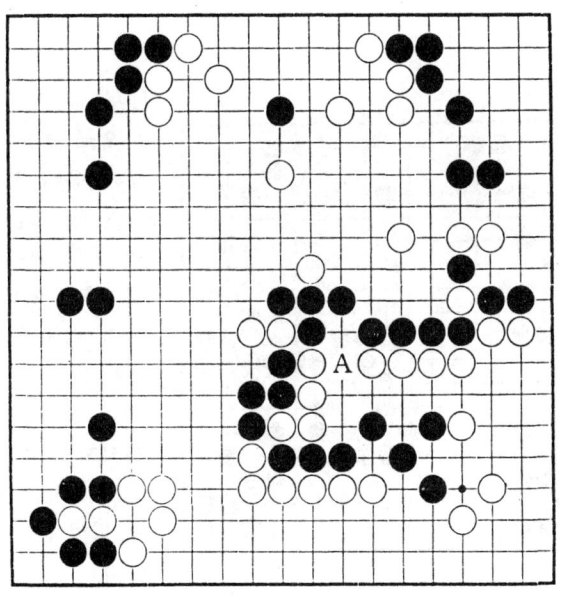

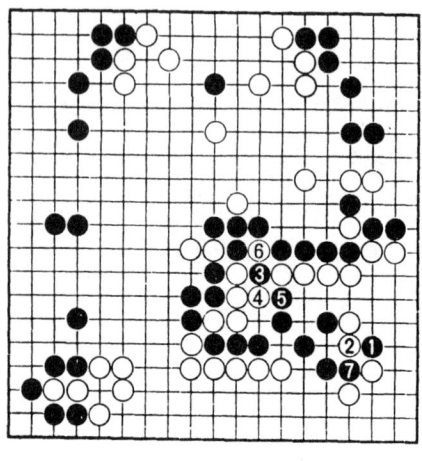

1 도 (정해)
흑1의 붙임이
다. 백2에 받
으면, 비로소 패
를 결행한다.

흑7이 절호
의 팻감이다. 흑
1은 팻감을 만
드는 수.

1 도

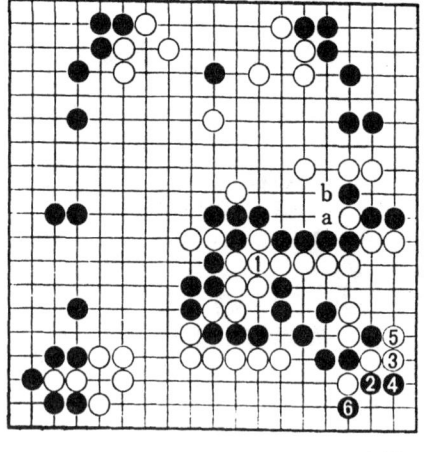

2 도 1 도 흑
7 다음에 백이
귀를 받지 않으
면 1의 이음이
다. 흑2에서 6
까지 귀에서 산
다.

백a는 흑b로
사석작전이다.

팻감을 만드
는 전형적인 패
이다.

2 도

패로 노림을

백 1, 3은 강렬한 공격이다.

흑A로 그냥 밀고 나오는 것은 좋지 않다.

실력 행사로는 천하패를 유혹하여야 한다.

연타의 방법을 찾아보자.

제 4 문   흑선☆☆

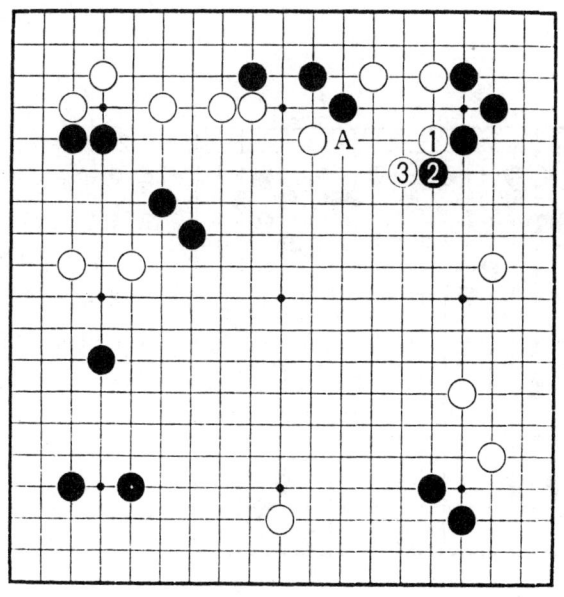

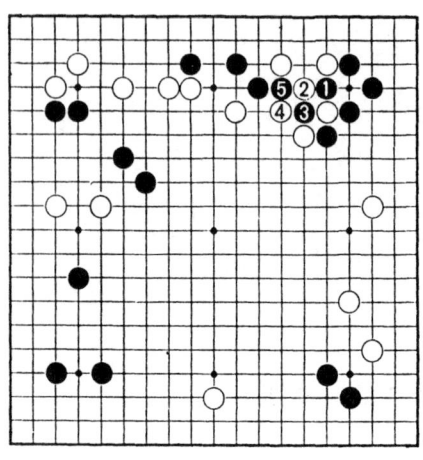

⑥ 패따냄　　　　　　　　　　1 도

1 도　(정해)
백의 엷음을 노
리는 흑 1 의 단
수, 백 2 에는 흑
3 의 때림, 다음
에 백 4 의 차단
이 한 수이다.
　백 5 의 끊음
으로 패이다.

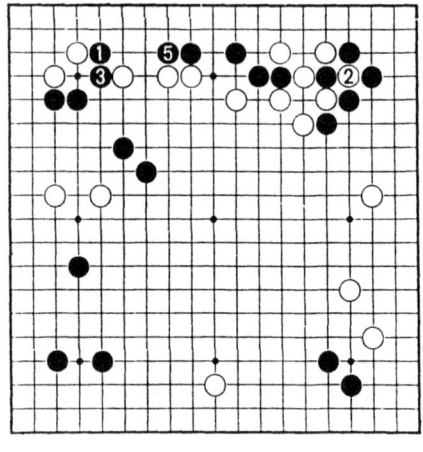

④ 이음(2의 왼쪽)　　　　　　　2 도

2 도 흑 1, 3
을 연타하는 것
도 십분 좋다.
　백 4 로 이으
면 흑 5 로 우상
은 많이 남는다.
패를 되따낸다.

사 석

소림광일(小林光一) 9단의 지도기이다.

백 1, 3으로 맥을 연발하여 왔다.

흑 A에는 B의 젖힘, C라면 백 A의 끊음이 있는 곳이다.

어떻게 두어야 하나?

제 5 문   흑선☆☆

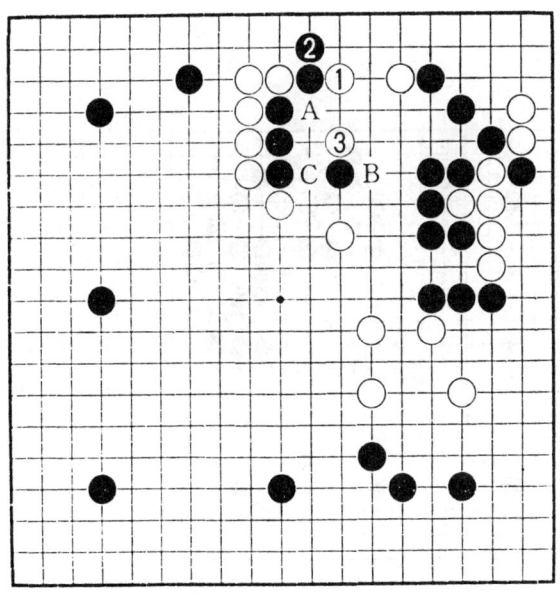

182

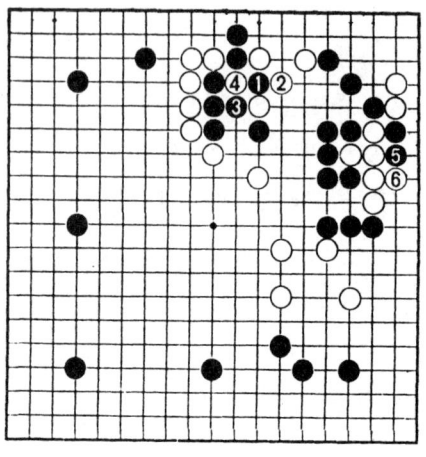

❼패때림

1 도

1 도 (정해)
흑 1의 젖혀끼
움, 다음에 3
으로 받아서 패
로 고심의 비상
수단이다.
　백 6에 흑 7
로 되따낸다. 흑
5는 자만의 팻
감이다.

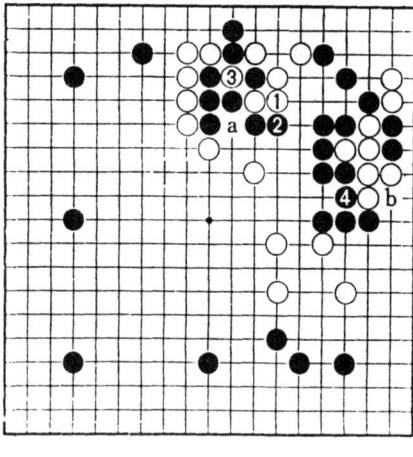

2 도

2 도 계속하
여 백에게는 팻
감이었다. 백 1
로 이을 여유가
있다.
　백a로 잡으면
흑b로 단수한
다.

결행의 수

목곡실(木谷実) 선생이 청년시대에 둔 바둑이
다.

흑은 전국적으로 두터워 우세의 국면이다.

결행의 수는 패이다.

여기에 대한 팻감은······.

제 6 문   흑선☆

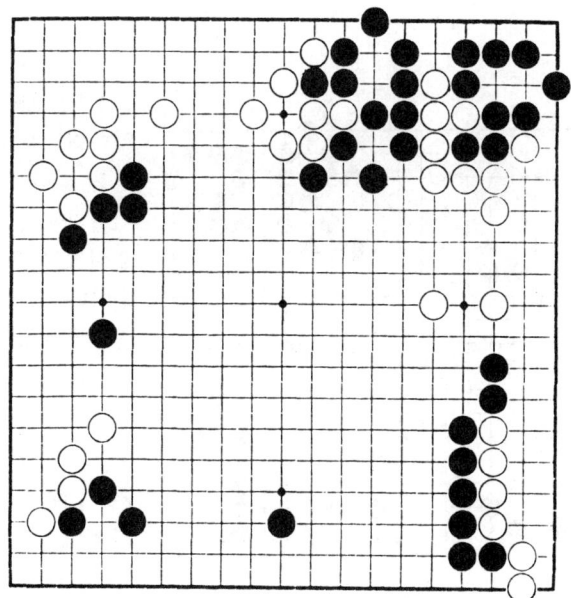

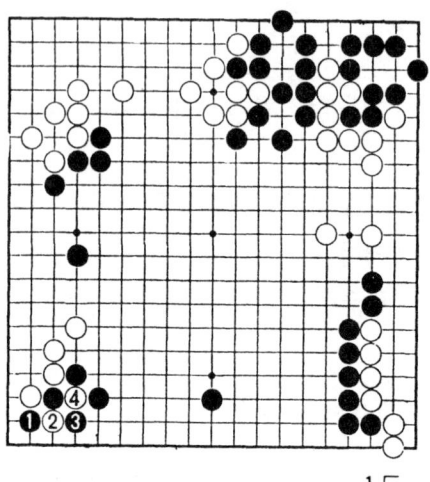

1 도

1 도 (정해)
패를 결행하는
수는 흑 1 의 젖
힘이다.

백 2 에 흑 3
으로 받아서 패
이다.

흑 1 로 2 의
곳을 내려서는
수도 있다.

2 도 팻감이
있다면 흑 1 로
십분 좋다.

여기에서 백
2 의 끊음은 한
수이다.

전국적으로 두
터움과 실리의
바뀜이다.

1 도의 패는
중반전에 결행
을 하는 강수이
다.

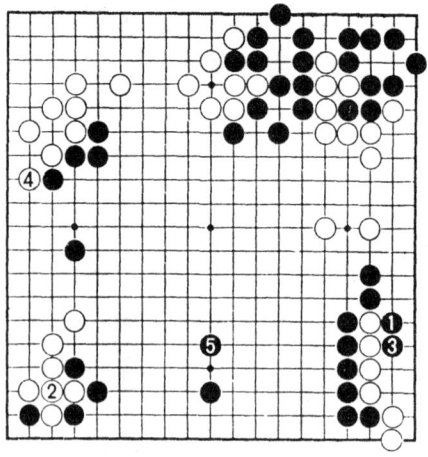

2 도

호각의 갈림

백 1, 3으로 붙이고 젖혔다.

여기에는 서로간에 수단의 여지가 있는 곳이다.

여기에 엄한 수단이 있다. 흑이 어떻게 두어야 할까 ?

제 7 문 흑선☆

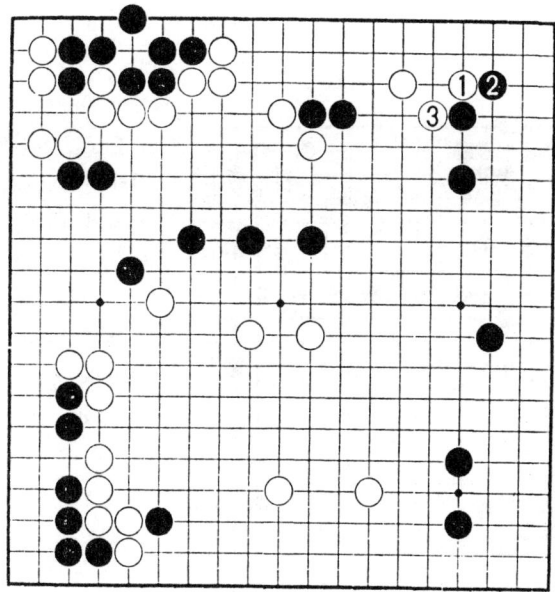

186

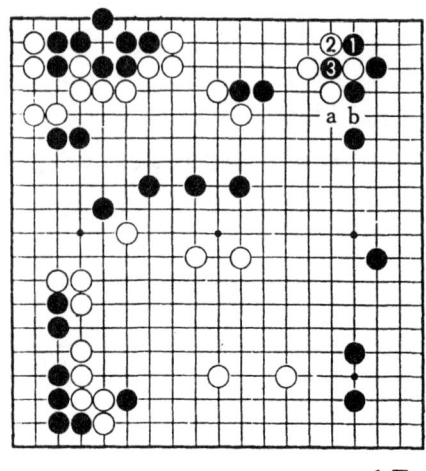

1 도

1 도 (정해)
흑 1의 젖힘이
최강이다. 백 2
에는 흑 3으로
받는다.
흑 a로 두는 방
법에 대해서는
제 3 장에서 배
운바가 있다. 흑
1로 b의 곳 막
대기 이음도 있
다.

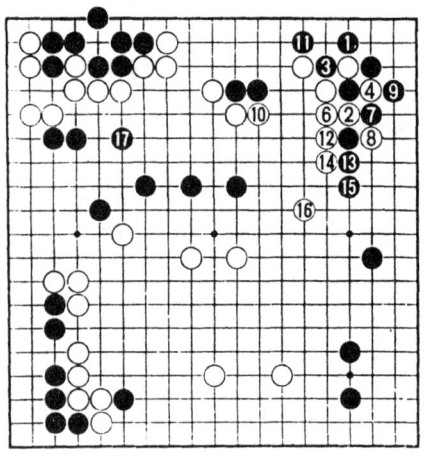

❺이음   2 도

2 도 실전의
진행이다. 흑은
실리가 커 득으
로 집의 큰 차이
가 났다.
중앙이 두터워
이기는 것은 시
간 문제이다.

수를 내다

백모양이 웅대하다.

흑 1로 두어 필사적으로 수를 만들려고 하고
있다. 무조건 사는 수를 구해야 한다. 욕심은
금물이다. 어떻게 두어야 할까?

제 8 문 흑선☆☆

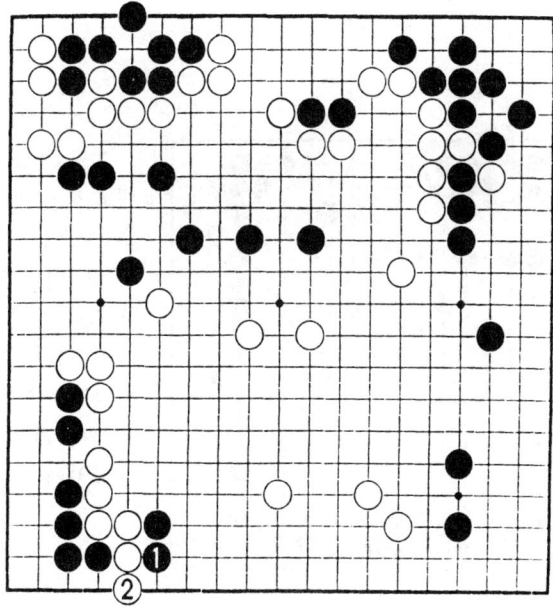

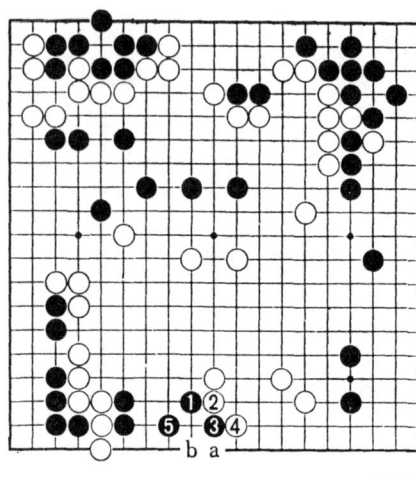

1 도 (정해)
흑 1 로 두어서
3, 5 의 젖혀이
음까지이다. 백
a라면 흑b로 받
아서 패이다·
  이것은 실전
에서 자주 등장
하는 맥이다.

1 도

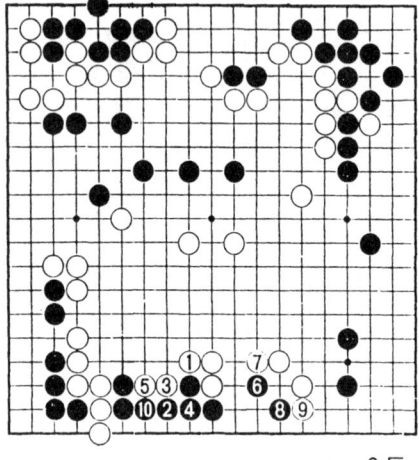

  2 도 1 도 의
백 4 로 1 의 곳
을 누르는 것은
무리이다. 흑은
3 으로 끈다.
  일례를 표시
하자면 흑10까
지 사는 수로 대
성공이다.

2 도

같은 맥

흑 1 에 백 2 로 받는 수는 어떨까?

백은 상변 뿐이어서 흑이 압도적으로 우세이다.

이 모양에서 욕심을 내는 것은 금물이다. 앞 문제와 같은 맥이다.

제 9 문   흑선☆

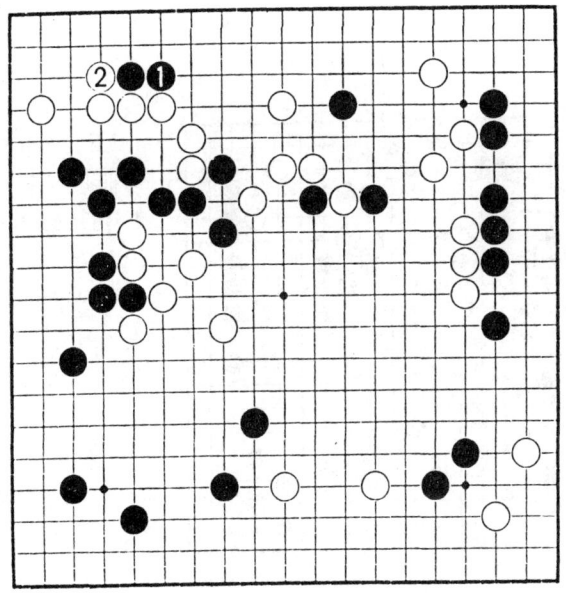

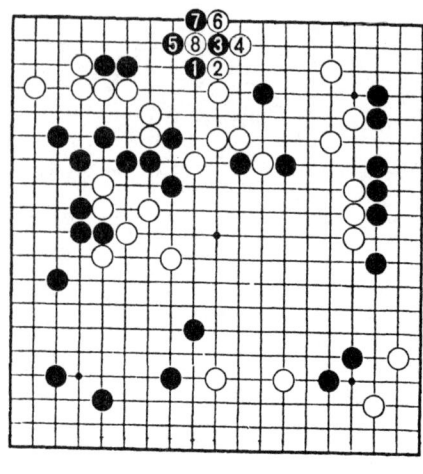

1도

1도 (정해)
이것도 예의 맥
이다.

흑 1 다음에
3, 5의 젖혀
빌리는 맥이다.
백 6, 흑 7로
패를 피할 수 없
다.

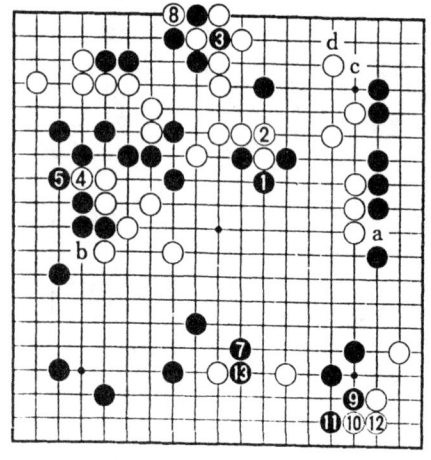

⑥ 패따냄   2도

2도 흑 1이
절대의 선수 흑
7, 13으로 바꿔
친다. 동시에 우
위가 확립이 된
다.

a나 b의 팻감
도 있다.

흑 7은 c, d
를 생각해 볼 수
있다.

봉 쇄

백1, 3은 다음 흑A에서 백B로 패가 날 자리이다.

이 패는 흑이 나쁘다.

무조건 잡는 수를 생각해 보아야 한다.

봉쇄의 맥은 어디일까?

제10문 흑선☆

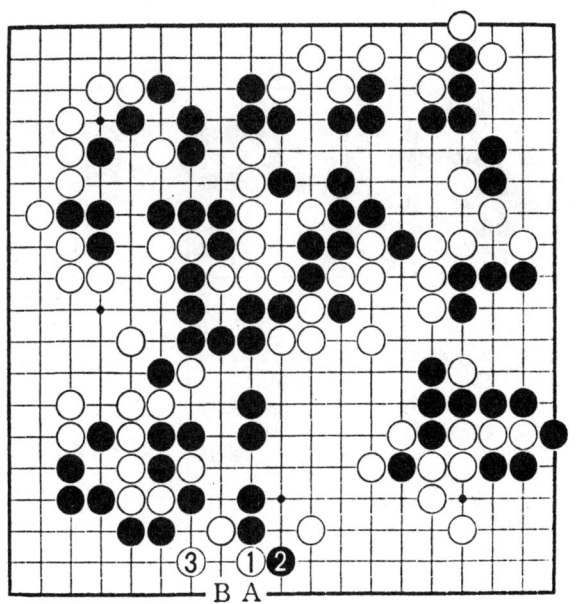

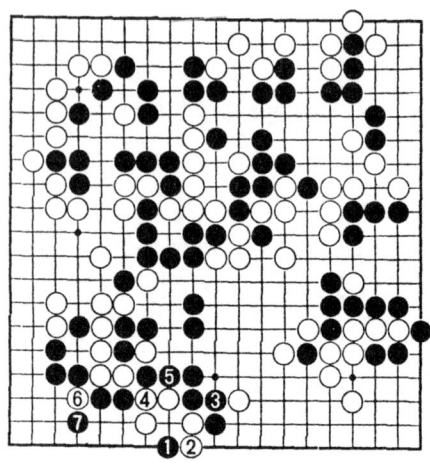

1도 (정해)
실전에서는 흑
1이 알기쉽다.
백2에는 흑
3, 이것으로 백
은 살 수가 없
다.

1도

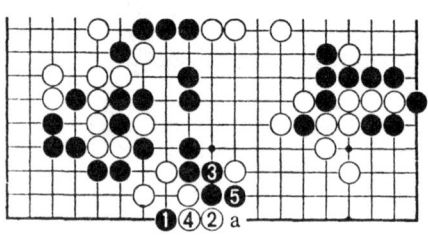

2도

2도 흑1에
백2의 응수는
어떨까?
흑3의 이음
이 있다. 백4
에는 흑5로 둔
다.

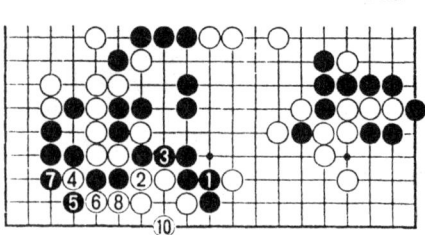

❾이음

3도

3도 흑1은
무기력. 그러면
백2, 4다음 사
는 수가 있다.

협공은 하나

백 1로 넓힐 때 흑 2의 침입에는 백 3이 최강의 응접이다. 다음 수가 흑이 어렵다.

이런 모양에서 패를 내는 수단은 공부를 한 바 있다. 흑의 응수는 어디일까?

제11문　흑선☆☆

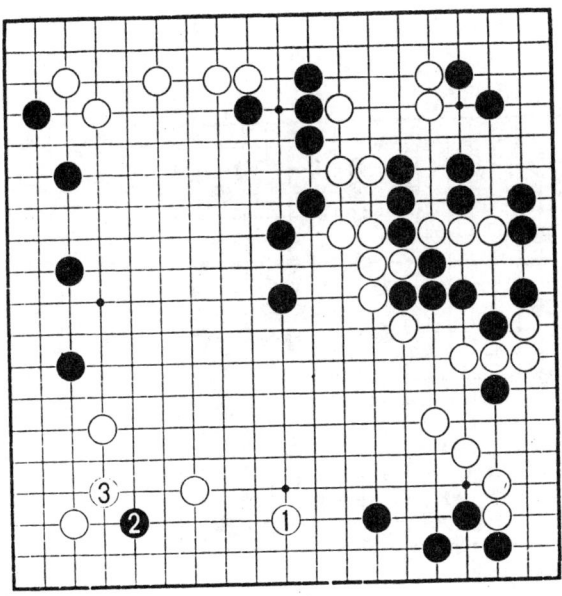

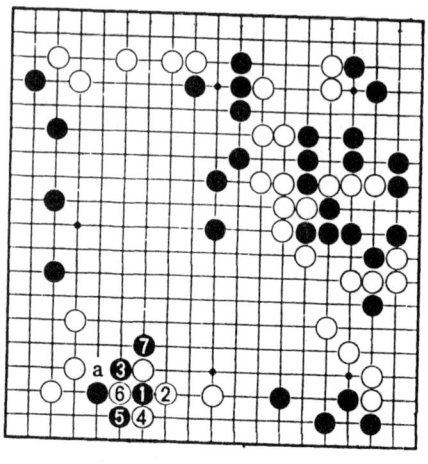

1 도

1 도 (정해)
흑 1, 3 의 붙이
고 젖힘이다.

백 4 의 단수
에는 흑 5 로 응
수를 한다.

백 6 에는 흑
7 이 강수이다.
흑 5 로 7 의 곳
단수는 백 6, 흑
5 로 같다. 흑
a로 신중한 모
양.

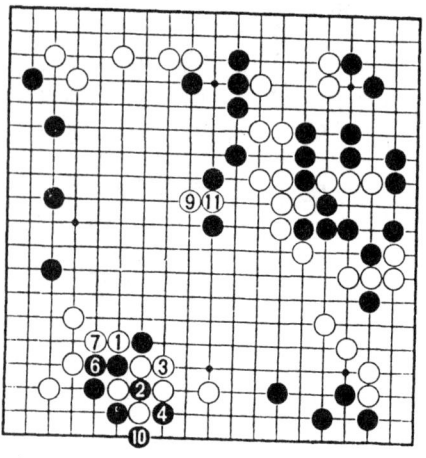

⑤ 패따냄 ❽ 〃   2 도

2 도 백 1 의
끊음에는 흑 2,
4 로 본격적인
패이다. 백 5 의
패를 잡음에는
흑 6 다음 결국
11까지 바꿔치
기가 이루어진
다.

건곤 일척

흑 1의 젖힘에 백 2, 흑 3은 이렇게 될 자리이다.

연단수를 하여 탈출을 하는 것은 속맥이다.

확실하게 도망을 하는 방법을 찾지 않으면 안된다. 이것은 패로 건곤일척의 대승부이다.

제12문 백선☆☆

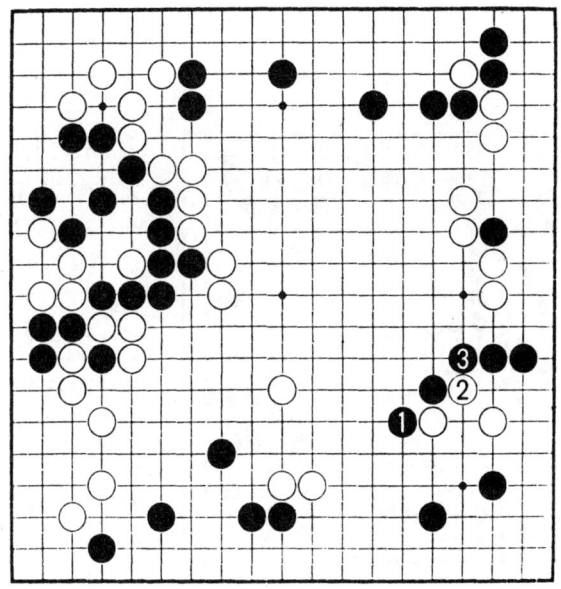

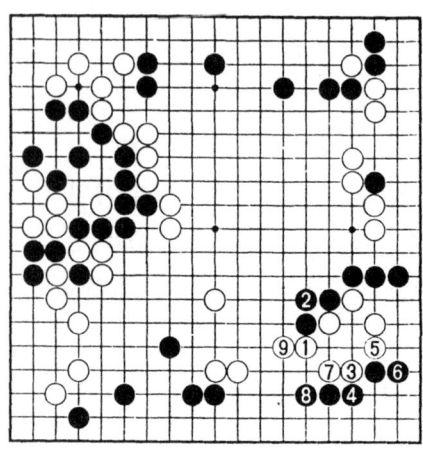

1도

1도 (정해) 보통은 백1의 젖힘이다. 흑2로 양보하면 일응 성공이다

백3이하 9까지 탈출이다.

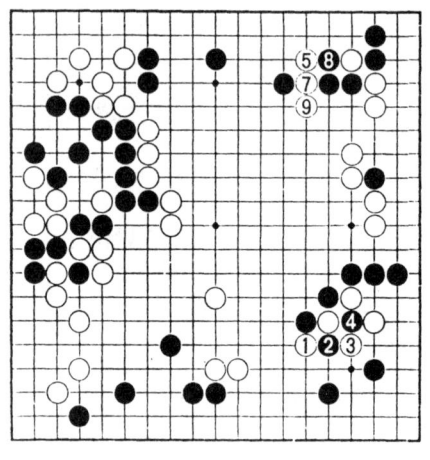

❻이음

2도

2도 백1의 젖힘에 흑2의 단수는 흑3으로 때로 승부를 건다.

결국 백은 9까지 돌파할 수 있어 이곳 저곳에 즐거움이 남아 있는 바둑이다.

수행류(秀行流)

흑1, 3은 책략이 있는 수이다.

백은 흑의 주문을 피하여 **4**의 곳을 이었다. 흑은 등택 수행 기성이었다.

다음 흑A는 평범하다. 최대한으로 패를 유혹하여 본다.

제13문   흑선☆☆

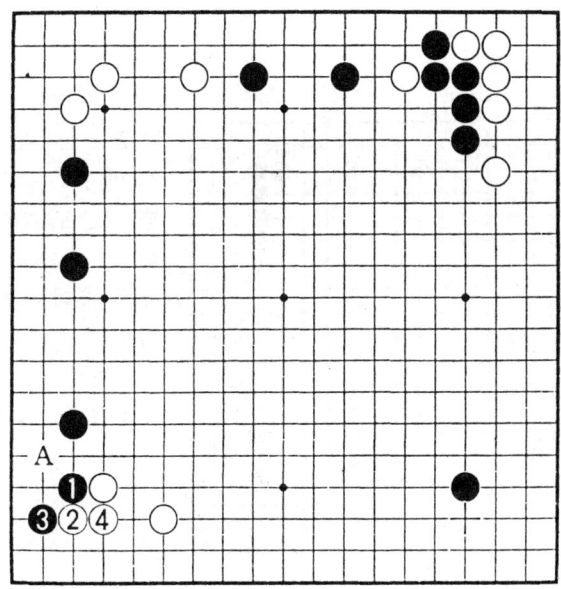

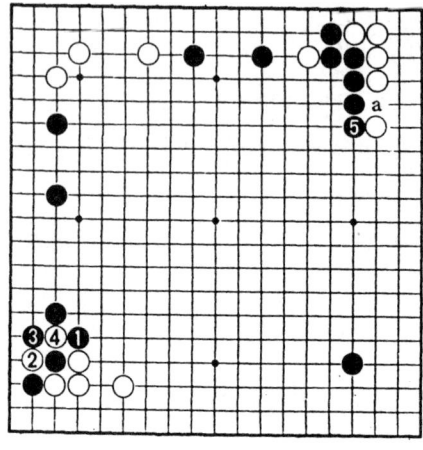

1 도 (정해)
흑 1 로 호강치
는 것이 백을 유
혹하는 한 수이
다.

패는 흑의 주
문으로 백 2 의
끊음에는 흑 3
으로 받아서 패
이다. 흑 a 는 나
가지 않는다.

1 도

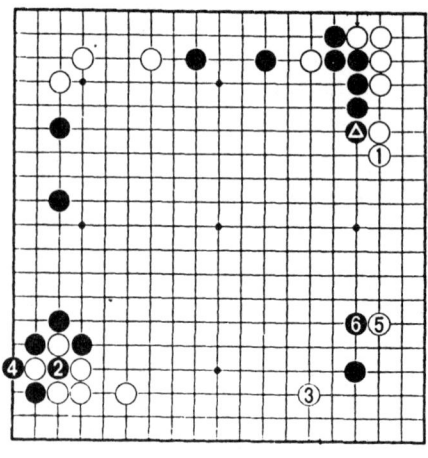

2 도 여기에
서 백 1 로 받으
면 흑 2 로 때린
다. 백 3 에는
4 로 때려서 좋
다.

좌변에 좋은
모양이 생긴다.

2 도

기풍(碁風)

유상의 흑진에서 수를 내려고 한다.

백 1 에 흑 2 로 받았다.

교본우태랑(橋本宇太郎)과 오청원(吳淸源) 간의 10
번기에 나타난 모양이다.

다음에 백은 어떻게 두어야 할까?

제14문   백선☆

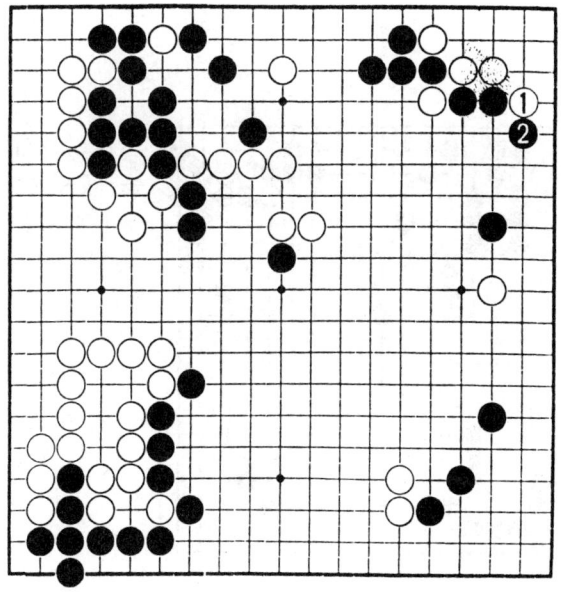

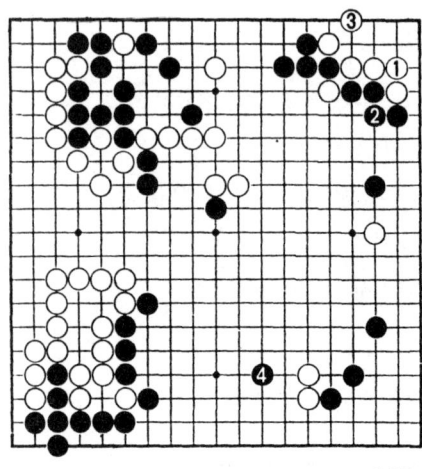

1 도

1 도 백 1, 3 으로 사는 것이 보통의 방법이다. 그러나 이것은 혹 4 로 다가와서 형세는 백이 불리하다.

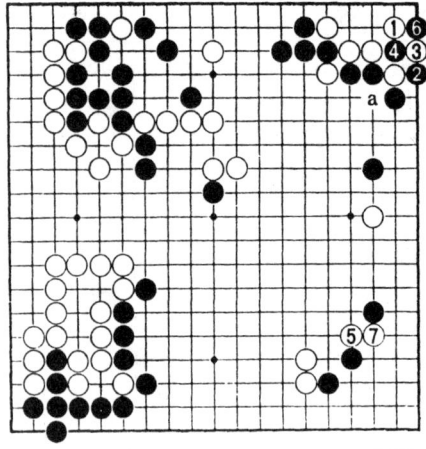

2 도

2 도 직접 사는 수단보다는 백 1 로 패를 유혹하는 수단이 좋다.

패에 이길 경우 a 의 곳 끊음을 볼 수 있다.

백 5, 7 로 바꿔치기를 하여 백이 우세하다.

본패? 늘어진 패

혹 1 의 내려섬에는 패를 피할 수 없는 모양이다.

그러나 같은 패라도 본패냐, 늘어진 패냐는 큰 차이다. 백이 유리한 늘어진 패는?

제15문   백선☆

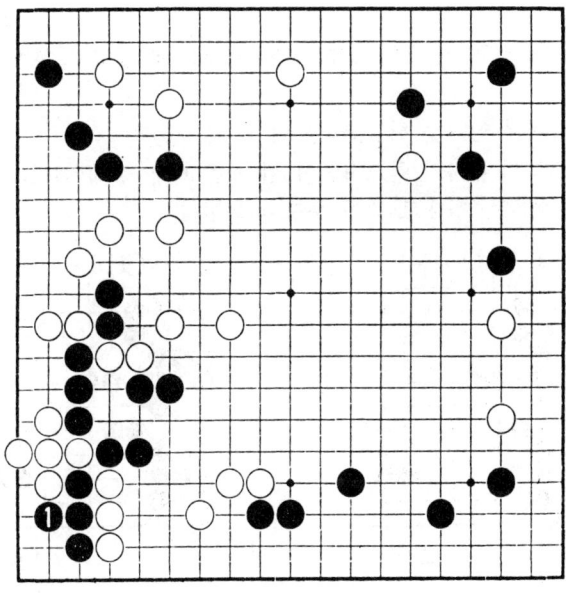

1 도 (정해) 백 1 로 먼저 둔다.

흑 2 에는 3 으로 젖힌 다음에 5 로 내려선다.

흑 6 까지 패를 취한 다음에 흑 a 의 단수는 본패이다.

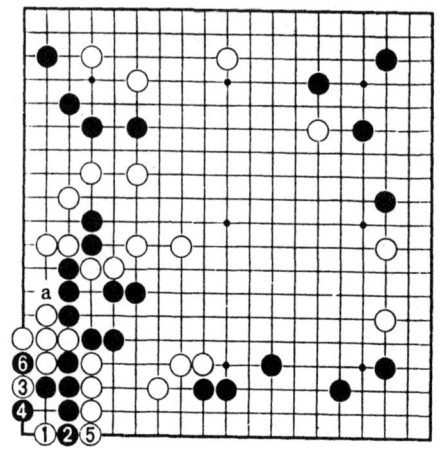

1 도

2 도 백 1 에서 3 의 곳을 젖히는 것은 4, 6 으로 본패이다.

흑에서 연타를 허용한다.

3 도 초급자가 참고하여야 할 것은 백 1, 3 의 건너감이다. 이것은 반대로 백이 무조건 잡힌다.

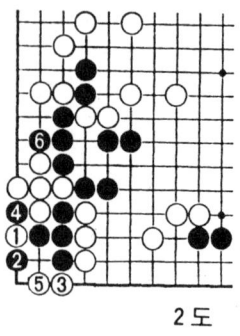

2 도

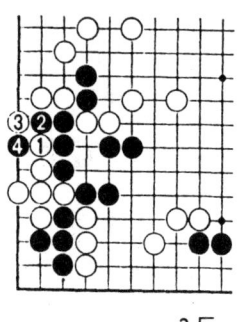

3 도

```
판 권
본사
소 유
```

패에 강해진다

2011년 8월 20일 인쇄
2011년 8월 30일 펴냄

지은이/ 加 藤 正 夫
옮긴이/ 프로바둑연구회
펴낸이/ 최 상 일
펴낸곳/ 太乙 出版社
서울특별시 중구 신당6동 52-107 (동아빌딩내)
등록/1973년 1월 10일(제4-10호)

＊잘못된 책은 구입하신 곳에서 교환해 드립니다.

■주문 및 연락처

우편번호 １００-４５６
서울특별시 중구 신당6동 52-107 (동아빌딩 내)
전화 / 2237-5577 팩스 / 2233-6166
ISBN 89-493-0340-X   13690